GEH'N SIE WEG, DAS IST MEIN PLATZ!

Beate Rüther

111 Tipps zum Umgang mit Konflikten unter Senioren

Verlag an der Ruhr

Impressum

Titel
Kleine Helfer für die Altenpflege
Geh'n Sie weg, das ist mein Platz!
111 Tipps zum Umgang mit Konflikten unter Senioren

Autor
Beate Rüther

Titelbildmotiv
alle Fotolia.com:
© alison1414 (Dame), © Olga Kovalenko (Hintergrund Wand),
© annagolant (Button), © Elaelo (Hand), © KatyaKatya (Muster „Pinselstrich")

Illustrationen im Innenteil
Vorwort/Kapiteldeckblätter © Norbert Höveler,
Tipp-Icon © Jan Engel | Fotolia.com

Druck
Heenemann GmbH & Co. KG, Berlin, DE

Verlag an der Ruhr
Mülheim an der Ruhr
www.verlagruhr.de

ISBN 978-3-8346-4138-0

Inhaltsverzeichnis

Vorwort

Die Senioren freuen sich auf das Kaffeetrinken. Alle sitzen auf ihren Plätzen. Ein Fenster steht auf Kippe. Frau Holt ist gerade erst gekommen. Kaum dass sie sitzt, steht sie schon wieder auf. Mit den Worten „Hier zieht's!" schließt sie das Fenster. Herr Meister, der sehr gern an der frischen Luft ist, reagiert prompt: „Wir haben hier eine Verrückte, die immer sofort die Fenster zumacht!" Erbost stellt sich Frau Holt dicht vor Herrn Meister – und schon ist er da: der Konflikt.

Konflikte gehören zum Alltag in Tagespflegen, Wohnbereichen und Wohngemeinschaften, so, wie Konflikte zu unser aller Leben und Alltag dazugehören. Sie können überall dort entstehen, wo zwei oder mehr Menschen zusammenkommen. Grund hierfür sind die zahlreichen Unterschiede, die uns Menschen ausmachen, wie unsere Persönlichkeit, Überzeugungen, Werte, Interessen, aber auch die sozialen und kulturellen Milieus, in denen wir aufwachsen und leben. Bei Menschen mit Demenz kommen noch weitere Besonderheiten hinzu, die die Möglichkeiten, in einen Konflikt zu geraten, erhöhen. Die Demenz führt in den Einrichtungen die unterschiedlichsten Menschen zusammen: Da sitzt die evangelische Pfarrersfrau neben einem

Mann, der früher jahrelang auf der Straße im Freien gelebt hat, der türkische Arbeiter neben der Ärztin, die Angst vor Zugluft hat. Sie leben auf engem Raum mit mehr Menschen zusammen, als es viele gewohnt waren. Sie verfügen nur über eine eingeschränkte Affekt- und Impulskontrolle und ihre Fähigkeit, Konflikte zu lösen, ist begrenzt. Hinzu kommt, dass die Senioren in vielen Situationen nicht gerade einfühlsam miteinander umgehen: Sie kritisieren einander, weisen zurecht und schnauzen in herrischem Ton. Sie machen all das, was man im Umgang mit anderen Menschen (mit Demenz) unterlassen sollte.
Wie aber geht man nun mit den alltäglichen Konflikten unter Senioren um? Wie kann es gelingen, konfliktträchtige Situationen zwischen zwei und mehr Senioren innerhalb einer (Betreuungs-)Gruppe, zwischen einem Senior und z. B. einer Tischgemeinschaft, auszugleichen, **wie schlichtet man Konflikte**, die quasi „im Vorbeigehen“ entstehen? Und – **muss eigentlich jeder Konflikt sofort geschlichtet werden**, gehören sie nicht auch zu einem normalen, lebendigen Alltag dazu?
Diese und weitere Fragen werde ich hier versuchen, zu beantworten: Es werden die Besonderheiten des Konfliktverhaltens von Menschen mit Demenz sowie die Umstände und Auslöser von alltäglichen Konflikten herausgearbeitet und Möglichkeiten vorgestellt, konfliktlösend zu reagieren und dabei den Beteiligten gerecht zu werden. **Konflikte entstehen, wenn Menschen Verschiedenes wollen.** Konfliktfähigkeit setzt voraus, dass man in der Lage ist, anzuerkennen, dass Menschen unterschiedliche Interessen und Meinungen haben. Weil aber vor allem bei Menschen mit demenziellen Veränderungen eine

Konfliktfähigkeit nur noch begrenzt oder nicht mehr gegeben ist, müssen wir diese Eigenschaft zeigen. **Das Ziel ist nicht, einer Meinung zu sein, sondern Verständnis für unterschiedliche Meinungen zu entwickeln und gemeinsam einen gangbaren Weg zu finden.**

Eine wertschätzende, validierende Grundhaltung entwickeln

Eine Basis hierfür bietet die wertschätzende und validierende Grundhaltung[1]. Das bedeutet:

- Ich akzeptiere und respektiere die Persönlichkeit des Menschen mit Demenz.
- Ich erkenne seine subjektive Welt und die damit verbundenen Gedanken und Gefühle als gültig an.
- Ich erkenne an, dass der Senior eine völlig andere Wahrnehmung einer Situation haben kann als ich.
- Ich gehe davon aus: Alles, was er macht, hat für ihn Sinn – auch sein Konfliktverhalten.
- Ich bemühe mich, seine Perspektive einzunehmen.
- Ich versuche, seine Gefühle zu erkennen.
- Ich versuche, die Bedeutung seines Verhaltens zu verstehen, und gehe einfühlsam darauf ein.
- Ich versuche nicht, den Senior zu ändern, sondern frage mich vielmehr: **„Wie kann ich mit der Situation gut und wertschätzend umgehen?“**

---

[1] In Anlehnung an: *Feil, Naomi; de Klerk-Rubin, Vicki:* „Validation. Ein Weg zum Verständnis verwirrter alter Menschen“, 8. Auflage, Ernst Reinhardt Verlag: München 2005, S. 53-74. *Richard, Nicole:* „Wertschätzender Umgang mit demenzerkrankten Menschen, Integrative Validation nach Richard®“, Eigenverlag Carlo Richard: Bollendorf 2014, S. 7-27.

Diese Haltung prägt meine Kolumnen und meine Betreuungsarbeit. Erfahrungen aus meinem Berufsalltag und aus meinen Fortbildungen zum Thema „Krisen und Konflikte zwischen Bewohnern“ bilden die Grundlage für dieses Buch. Jede Kolumne ist sozusagen „aus dem Leben gegriffen“. **Die Quintessenz dieses Themas finden Sie in den 111 Tipps.** Diese sollen Sie bei Ihrer Arbeit und bei der Lösung von Konfliktsituationen zwischen Senioren unterstützen.

Bevor Sie beginnen, die Kolumnen und vor allen Dingen die Tipps zu lesen, möchte ich Sie auf etwas hinweisen, das mir sehr am Herzen liegt: Den „roten Knopf“, den Sie sich vielleicht insgeheim erhoffen, den biete ich Ihnen leider nicht. Und – den gibt es auch nicht! Die Kolumnen mit den Tipps sind kein solcher roter Knopf, mit dem man den Konflikt oder ungeliebte Verhaltensweisen der Senioren einfach abschalten kann. Es sind auch keine Rezepte, die, strickt angewandt, zu Frieden und Glückseligkeit führen. Jeder Konflikt ist anders, entsteht aus individuellen Bedürfnissen und Gefühlslagen. Die Herausforderung für uns Betreuungskräfte ist, diese zu erkennen und professionell mit ihnen umzugehen. Dabei möchte ich Ihnen mit diesen Kolumnen zur Seite stehen.
Sie können jede Kolumne einzeln lesen oder sich auch nur mit einzelnen Tipps auseinandersetzen. Aber als Ganzes gesehen, ergänzen sie einander und beleuchten die vielfältigen Facetten des Themas „Konflikte unter Senioren“ aus unterschiedlichen Blickwinkeln.

Ich wünsche Ihnen viel Freude beim Lesen
Ihre Beate Rüther

ER, SIE, DU, ICH UND ALL DAS ANDERE … – RAHMENBEDINGUNGEN

Die Senioren leben nicht im luftleeren Raum. Sie sind in eine Umgebung eingebettet. Zu dieser Umgebung gehören die Einrichtung, die organisatorischen Abläufe, die Geräusche des Alltags, Menschen, die sich in den Einrichtungen bewegen, sowie die anderen Senioren, die Mitarbeiter und auch Sie!

Auch ich gehöre dazu!

Frau Strohte und Frau Velter sitzen am Tisch und frühstücken. Frau Velter beginnt, ihr Brot mit den Fingern klein zu drücken. Frau Strohte reagiert verärgert: „Lassen Sie das doch sein, immer dieses Matschen. Das kann man ja nicht mit ansehen!" Die Betreuungskraft Frau Hirse kommt dazu und meint: „Ja genau! So etwas gehört sich doch nicht, essen Sie doch vernünftig!" Dabei zwinkert sie Frau Strohte zu.

Wir als Pflege- und Betreuungskräfte sind oft Teil der Konflikte. Wir gehen davon aus, dass wir Beobachter oder Schlichter sind, aber so einfach ist das nicht. Oft mischen wir mit, ohne uns dessen bewusst zu sein.
Jeder reagiert anders auf Konflikte. Wichtig ist, zu wissen, was Konflikte für einen selbst bedeuten. Die einen sagen: „Das gehört zum Leben, das ist halt so!" Die anderen setzen noch eins drauf und meinen: „So kommt doch erst richtig Leben in die Bude! Dann ist endlich mal etwas los!" Die Nächsten vertreten den Standpunkt: „Gewitter reinigen die Luft und wir wissen doch häufig erst durch den Streit, wo eigentlich das Problem liegt." Einer weiteren Gruppe machen Konflikte Angst. Sie ignorieren sie oder reden Harmonie herbei.

Tipp 1: Setzen Sie sich mit Ihrem eigenen Konfliktverhalten auseinander.

Es ist wichtig, zu wissen: Was bedeuten Konflikte eigentlich für mich? Bin ich konfliktfähig? Und wann reagiere ich konfliktorientiert, z. B. wenn es laut wird, wenn ich zwei Parteien gerecht werden muss oder wenn meine Planung durcheinandergerät? Fragebögen zum Konfliktverhalten aus dem Internet können Ihnen helfen, Ihrem eigenen Konfliktverhalten auf die Spur zu kommen.

Tipp 2: Sprechen Sie mit Ihren Kollegen über Ihre Reaktionen auf Konflikte.

Nehmen Ihre Kollegen eine Situation ebenfalls als Konflikt wahr oder war sie nur in Ihren Augen konfliktgeladen? Ebenso verschieden wie unsere Einstellungen und Reaktionen auf Konflikte sind auch unsere Strategien, mit Konflikten umzugehen. Die einen gehen bei dem kleinsten Anzeichen sofort dazwischen, wenn es Spannungen zwischen Senioren gibt; die anderen schauen weg, nach dem Motto: „Ich reagiere erst, wenn Blut fließt!“ Wiederum andere bleiben gelassen und suchen nach konstruktiven Lösungen. Und genau darum geht es: herauszufinden, worauf man wie reagiert, um in Zukunft gelassen bleiben und einfühlsam Lösungen finden zu können.

Die Umgebung macht's

In wenigen Minuten gibt es Mittagessen. Frau Müller und Frau Schneider sitzen bereits auf ihren Plätzen und warten. Zwei Mitarbeiterinnen des Wohnbereichs sind gerade dabei, die Tische einzudecken. Dabei unterhalten sie sich quer durch den Raum und laufen schnell von Tisch zu Tisch. Aus der Küche hört man viele Geräusche. Der Geschirrspüler wird gerade lautstark ausgeräumt. Dabei fällt jemandem ein Glas klirrend zu Boden. Gleichzeitig bereitet die Hauswirtschafterin mit dem Mixer das pürierte Essen vor. Mitten in diesem Geräuschkonzert sitzen die Seniorinnen. Plötzlich wirft Frau Müller Frau Schneider einen Löffel an den Kopf. Frau Schneider beginnt, laut zu schreien.

Menschen mit Demenz nehmen sehr viel empfindsamer als wir Geräusche, Bewegungen und Atmosphären wahr. Viele Eindrücke stürmen gleichzeitig auf sie ein. Allerdings können Menschen mit Demenz diese oft nicht mehr auseinanderhalten, erkennen, benennen, sortieren und ordnen. Schnell wissen sie nicht mehr, was los ist. Das kann verunsichern und wütend machen. Solche Situationen können schnell zu einem Gefühl der Überforderung führen. Häufig wird die Person für diese Überforderung verantwortlich gemacht, die der Mensch mit Demenz in dem Moment gerade sieht – in unserem Fall nimmt Frau Müller ihre Sitznachbarin Frau Schneider als Verursacherin der Unruhe und der Geräusche wahr.

Tipp 3: Verringern Sie die Geräuschkulisse und den Lärmpegel.

Die zahlreichen Geräusche einer Tagespflege oder eines Wohnbereichs – wie der Geschirrspüler, der unter lautem Geklapper ausgeräumt wird, der Mixer, der gleichzeitig dröhnt, Türen, die schlagen, Schuhe, die klackern, Mitarbeiter, die sich lautstark unterhalten – verbinden sich für die Senioren zu einem Lärmteppich, zu einer schlecht klingenden Folge von Geräuschen. Natürlich können Sie nicht alle Geräusche vermeiden, aber Sie können versuchen, sie einzudämmen: Versuchen Sie z. B., Türen leise zu schließen, achten Sie auf die Besohlung Ihrer Schuhe und die Lautstärke Ihrer Unterhaltungen.

Tipp 4: Kündigen Sie an, wenn es laut wird.

Oft hilft es auch, den Senioren den Lärm anzukündigen oder zu erklären: „Achtung, jetzt wird es laut!" oder „Das tut mir sehr leid. Ich räume gerade den Geschirrspüler ein!" Bei den Senioren, die über Erklärungen nicht mehr zu erreichen sind, ist es hilfreich, die Gefühle anzusprechen: „Der Lärm ist wirklich kaum auszuhalten!", „All diese Geräusche, das macht einen ja richtig nervös!" oder „Hier ist es jetzt aber laut!"

Eine Senioreneinrichtung in Bewegung

Zu den Geräuschen kommen außerdem die Bewegungen. Es herrscht häufig ein Kommen und Gehen, die Senioren werden geholt, zurückgebracht, Angehörige schauen vorbei, die Mitarbeiter hasten mit schnellen Schritten durch die Flure und Räume. Die Senioren sind aufgrund verlangsamter Verarbeitungsprozesse aber nicht mehr in der Lage, Bewegungen korrekt einzuschätzen.

Tipp 5: Bitten Sie die Kollegen, sich langsamer zu bewegen.

Hastige oder unvermittelte Bewegungen können Angst auslösen. Sie werden als Bedrohung erlebt, weil sie so schnell nicht eingeschätzt werden können. Oft zuckt der Senior auch sichtbar zusammen. In diesem manchmal sehr unruhigen Klima kommt es dann zu Unmutsäußerungen, zu großer Ungeduld oder ein Senior lebt, wie in dem aufgeführten Fallbeispiel mit Frau Müller und Frau Schneider, seine Angst gegenüber seinem Tischnachbarn aus. Überlegen Sie doch einmal mit Ihrem Team, wie Sie das häufige Durchqueren der Räume, in denen sich die Senioren aufhalten, vermeiden können.

Tipp 6: Überprüfen Sie insbesondere die Atmosphäre während der Essenszeiten. Schalten Sie Hintergrundgeräusche aus.

Vor allem zu den Essenszeiten häufen sich die Probleme. Zahlreiche Menschen bewegen sich im Raum. Es entsteht Unruhe und das Essen ist mit vielfältigen Geräuschen (z. B. klapperndes Geschirr, Senioren, die mit ihrem Besteck über die Teller kratzen, Gespräche) verbunden. Hinzu kommen noch ein dudelndes Radio oder der laufende Fernseher. Da muss man seinen Frust ja seinem Gegenüber ins Gesicht werfen! In zahlreichen Einrichtungen hat man deshalb begonnen, die Essenszeiten zu entzerren. Diejenigen, die sehr lärmempfindlich sind, werden z. B. vorgezogen oder bekommen ganz zum Schluss ihr Essen, wenn sich nur noch wenige Senioren im Speiseraum aufhalten.

Wo sind denn alle? – Präsenz zeigen

Alle Mitarbeiter nehmen an einer Teambesprechung teil, während viele Bewohner Mittagsruhe in ihren Zimmern halten. Frau Mirnau fährt mit ihrem Rollstuhl über den Flur und beginnt, zu rufen: „Hallo, hallooo! Wo sind denn alle?“ Mit raschen Schritten geht Herr Paul zu Frau Mirnau. Er stellt sich direkt neben sie und herrscht sie an: „Seien Sie doch still! Kein Benehmen!“ Frau Mirnau schreit zurück: „Hauen Sie ab! Nun geh'n Sie schon!“, und schlägt dabei mit einer Hand in seine Richtung. Die gegenseitigen Beschimpfungen werden lauter und hitziger. Die anderen Bewohner reagieren mit Unruhe.

Ähnliche Situationen wiederholten sich immer dann, wenn ein Meeting anstand. Daraufhin blieb eine Mitarbeiterin als Ansprechpartnerin bei den Senioren. Dadurch wurden die Konflikte seltener. Überlässt man Menschen mit Demenz über einen längeren Zeitraum sich selbst, fühlen sie sich schnell unsicher oder verloren und zeigen konfliktorientiertes Verhalten.

Tipp 7: Sorgen Sie dafür, dass immer eine Ansprechperson bei den Senioren ist.

Sie vermittelt ihnen Sicherheit und Stabilität und kann die beruhigende Wirkung noch verstärken, indem sie immer wieder im Vorbeigehen aktiv den Kontakt zu den Senioren sucht. Die Senioren benötigen immer wieder Blickkontakt, eine Ansprache mit Namen, einen kurzen Gruß, ein Lächeln. So erhalten sie das Gefühl, wahrgenommen und geschätzt zu werden.

Wissen, was los ist

Frau Lars lebt noch nicht lang in der Wohngemeinschaft für Menschen mit Demenz. Heute läuft es nicht so optimal. Das Mittagessen verspätet sich. Es steht nicht wie gewohnt um zwölf Uhr auf dem Tisch. Frau Lars geht verärgert zur Küchenzeile und ruft: „Ja, was ist denn los hier? Wann geht es weiter?" In diesem Moment tritt Frau Lange, ebenfalls Bewohnerin, neben sie. Sofort dreht sich Frau Lars zu ihr um. Mit den Worten „Sie schon wieder! Machen Sie mal voran, so geht das doch nicht!", beginnt sie, Frau Lange zu schubsen.

Veränderungen können immer mal vorkommen. Diese sollte man den Senioren versuchen, frühzeitig zu vermitteln und zu wiederholen, weil die Informationen ja hin und wieder von einigen Senioren vergessen werden können.

Tipp 8: Informieren Sie die Senioren, wenn sich vertraute Abläufe ändern.

Anstelle einer wiederholten, mündlichen Information können Sie den Senioren auch einen Brief auf dem PC schreiben (in großer Schriftart mit unterstützenden Abbildungen). Diesen Brief können Sie im Vorhinein erstellen, denn sich verändernde Abläufe treten meist genauso erwartungsgemäß ein wie ein kaputter Geschirrspüler an Feiertagen. Legen Sie mehrere Exemplare auf die Tische. Da Sie die Vorlage auf dem PC abgespeichert haben, macht es dann auch nichts, wenn die Briefe als Schwalbe elegant durch den Wohnbereich fliegen.

Ich mach was und ich kann etwas!

Betreuungskraft Sabine hat sich krankgemeldet. Ersatz kann nicht organisiert werden. Die Senioren sitzen gelangweilt am Tisch. Frau Hirtel beginnt, einen imaginären Fleck von der Tischdecke zu reiben. Dann zieht sie die Decke samt Blumenvase vom Tisch. Die Vase fällt laut auf den Boden. Erschrocken beginnen die anderen Senioren, laut zu schreien.

Senioren haben ein Bedürfnis nach Beschäftigung. Sie trägt zu dem Gefühl bei: „Ich kann etwas bewirken. Mein Leben hat einen Sinn!“ Immer wieder zeigt sich: Fehlt die Beschäftigung, kommt es zu Konflikten. Denn einige Senioren suchen sich dann Beschäftigung, indem sie z. B. alt vertraute Handlungen durchführen, wie Fleckenentfernen oder Tischabräumen. Andere Senioren wiederum fühlen sich davon gestört.

> Tipp 9: Erstellen Sie eine Notfallkiste mit Materialien für die Eigenbeschäftigung.

Darin können unterschiedliche Materialien sein, die zu Aktivitäten animieren, wie Dinge zum Sortieren oder Fühlsäckchen.

> Tipp 10: Bieten Sie Beschäftigungen an, wenn es zu Verzögerungen kommt.

Gegenstände, die dazu auffordern, untersucht zu werden, können Sie einfach in die Tischmitte legen.

Muss ich Konflikte dokumentieren?

Bisher hat Frau Laske wie die anderen mit Messer und Gabel gegessen, aber in der letzten Zeit nimmt sie immer häufiger die Finger. Anfangs verzogen die anderen Senioren am Tisch nur das Gesicht oder warfen sich gegenseitig Blicke zu. Zunehmend reagieren sie allerdings mit Empörung. Frau Laske wird nun angeherrscht, wenn sie mit den Fingern isst. Frau Müller ruft: „Essen Sie doch gefälligst vernünftig!" Frau Laske reagiert mit Wut. Sie zeigt auf Frau Müller und brüllt: „Die weiß immer alles besser!" Seit der letzten Woche beginnt Frau Laske, erst zu essen, wenn die anderen nicht mehr am Tisch sitzen. Sie wirkt bedrückt und die Senioren grenzen sie immer stärker aus.

Ich weiß, ich verscherze mir mit der folgenden Empfehlung möglicherweise Ihre Sympathien. Aber ich wage es trotzdem: Dokumentieren Sie die vorgefallenen Konflikte sorgfältig. Ihr zukünftiger Umgang mit ihnen wird davon profitieren.

Tipp 11: Dokumentieren Sie die Ursachen und Auslöser eines Konflikts.

In dem Fallbeispiel mit Frau Laske liegt die Ursache des Konflikts im Abbau ihrer kognitiven Kompetenzen. Auslöser für die zornigen Reaktionen der anderen Senioren ist das Essen mit den Fingern bzw. die wütende Reaktion von Frau Laske, wenn sie zurechtgewiesen wird. Durch die Dokumentation der Auseinandersetzung können Sie mit dem Konflikt konstruktiv umgehen und ihn in Zukunft vermeiden.

Tipp 12: Dokumentieren Sie den Konflikt und dessen Verlauf mithilfe der Fragewörter was, wann, wo, wer, warum.

Auf diese Weise können Sie in Zukunft aktiv mit dem Konflikt umgehen. Beschreiben Sie nicht nur die Art des Konflikts bzw. den Konflikt als Momentaufnahme, sondern den Verlauf. Dokumentieren Sie nicht: „Frau Müller schreit Frau Laske wütend an", sondern: „Frau Laske isst das Mittagessen mit den Fingern. Frau Müller schreit sie wegen ihrer Essgewohnheiten an. Frau Laske reagiert mit den Worten ..." So erhalten Sie die Möglichkeit, die Dynamik und Komplexität des Konfliktes wahrzunehmen. Hilfreich ist es ebenfalls, wenn die Intervention und deren Ergebnis dokumentiert und evaluiert wird.

Tipp 13: Beschreiben Sie das Verhalten der Senioren objektiv.

Vermeiden Sie Bewertungen und Abwertungen der Senioren in Übergaben und der schriftlichen Dokumentation. Beschreiben Sie aggressive Verhaltensweisen ganz genau. Welches Verhalten konnten Sie beobachten (körperliche oder verbale Aggression)? Wann genau ist Aggression aufgetreten: in einer besonderen Situation, in Gegenwart eines bestimmten Seniors?

Alle ziehn an einem Strang!

Frau Sonntag spaziert an den Bewohnerzimmern vorbei. Vor dem Zimmer von Frau Baum bleibt sie stehen, macht die Tür auf und schaut ins Zimmer. Da brüllt Frau Baum zornig los: „Die will in mein Zimmer! Die soll wegbleiben!" Frau Baum stürzt auf Frau Sonntag zu. Die Dame bleibt verängstigt stehen. Die Altenpflegerin Frau Schuster eilt zu Frau Baum und hält sie fest: „Frau Baum, Sie können hier nicht so herumbrüllen!" Die Altenpflegerin begleitet sie mit den Worten „Gehen Sie sofort auf Ihr Zimmer!" bestimmt dorthin. Am nächsten Tag ereignet sich die gleiche Situation. Der Altenpfleger Herr Mark meint daraufhin zu Frau Baum: „Recht haben Sie! Wenn die Tür zu ist, soll sie auch zubleiben. Jeder braucht seine eigenen vier Wände." Er bringt Frau Baum an ihren Tischplatz zurück und spaziert dann mit Frau Sonntag über den Flur.

Konflikte sind eine Aufgabe des gesamten Teams. Der Umgang mit einem Konflikt sollte auf der Grundlage einer guten Dokumentation gemeinsam reflektiert und abgesprochen werden. So können Spontanreaktionen vermieden und die Reaktion eines Mitarbeiters kann zur Intervention werden. Auf diese Weise werden Konflikte verhindert, die deshalb entstanden sind, weil unterschiedliche Mitarbeiter für oder gegen bestimmte Senioren individuell Partei ergriffen haben.

Tipp 14: Reflektieren Sie Konflikte im Team und stimmen Sie Ihre Handlungen ab.

Ein Team, das zusammenarbeitet, ist in der Lage, Konflikte zwischen den Senioren zu verhindern. Tragen Sie unterschiedliche Perspektiven und Wahrnehmungen zusammen, tauschen Sie sich aus und beziehen Sie sie in das zukünftige Handeln mit ein. Auf dieser Grundlage können Sie Interventionen abstimmen.

Tipp 15: Tragen Sie erfolgreiche Umgangsweisen zusammen.

Die Reaktion von Herrn Mark hat dazu geführt, dass der Konflikt ruhig beendet wurde und weiterer Zorn ausgeblieben ist. Häufig tauschen wir uns darüber aus, was alles nicht funktioniert und welche Probleme es gibt. Lösungen und erfolgreiches Handeln werden meistens nicht weitergegeben.
Machen Sie sich in den Übergaben die schönen und erfolgreichen Momente bei der Arbeit bewusst und sprechen Sie darüber. Teilen Sie mit, zu welchen Senioren Sie einen guten Kontakt aufbauen konnten und warum. Sie werden sehen, dass sich die Stimmung im Team schlagartig ändert. In der Regel hilft der Austausch über das, was funktioniert hat, sehr vielen Kollegen weiter – schließlich wissen sie dann, wie sie sich verhalten können. Hier können wir von anderen Ländern lernen, in denen es üblich ist, sogenannte „Best Practice-Beispiele" weiterzuvermitteln. Alle Mitarbeiter haben so die Möglichkeit, „am Modell" zu lernen. In der erlebensorientierten Pflege (nach: Cora van der Kooij) ist diese Form des Austausches ein fester und erfolgreicher Bestandteil.

Gemeinsam sind wir stark – soziales Leben gestalten

Die Betreuungsrunde beginnt. Alle Teilnehmer sitzen im Kreis. Ich gehe von einem zum anderen und begrüße jeden nacheinander. Gleichzeitig stelle ich die Senioren, die nebeneinandersitzen, einander vor. Manche schauen mich etwas irritiert an und signalisieren mir: „Den kenne ich, mit dem habe ich doch gerade gefrühstückt!" Die meisten aber lächeln den Nachbarn einfach freundlich an, der ihnen gerade vorgestellt wird. Frau Eller lächelt ebenfalls ihre Nachbarin an und ergreift ihre Hand. Die beiden sitzen während der gesamten Betreuungsrunde mit strahlenden Gesichtern nebeneinander und halten sich an den Händen. Beide genießen die Berührung und das Gefühl, jemanden an ihrer Seite zu haben. Im Normalfall wiederholt Frau Eller die Worte „Auf, auf, Pferd!" immer wieder und beschwört so Wut und Ärger der anderen Teilnehmer herauf. Heute bleiben diese Worte aus!

Zu unseren Aufgaben gehört nicht nur, eine Beziehung zu jedem einzelnen Senior aufzubauen. Wichtig ist auch, die Beziehungen unter den Senioren zu fördern. Dadurch tragen wir wesentlich dazu bei, dass Konflikte ausbleiben.

Tipp 16: Entwickeln Sie Rituale, die das Gemeinschaftsgefühl stärken.

Ein Ritual kann, wie im Beispiel, das gegenseitige Vorstellen sein. Aber auch Berührungen, wie z. B. das Händeschütteln, das gegenseitige Abklopfen und Ausstreichen des Rückens, das Schulterklopfen oder Händeschaukeln können Rituale sein, die das Gemeinschaftsgefühl unterstützen. Vorausgesetzt ist natürlich, dass die Senioren diese Berührungen akzeptieren.

Tipp 17: Singen Sie mit den Senioren.

Die Musik ist ein allgemein bekannter und immer wieder erfolgreicher Königsweg bei der Betreuung von Menschen mit Demenz. Gemeinsames Singen entspannt und vermittelt das Gefühl, zu einer Gemeinschaft zu gehören. Ich habe schon oft mitten in einer Betreuungsrunde ein Lied angestimmt, wenn sich Anspannung aufbaute. Gleichzeitig kann Musik als Ritual eingesetzt werden, um deutlich zu machen: „Wir gehören zusammen!"

Tipp 18: Betonen Sie die Gemeinsamkeiten und schaffen so Verbindungen.

Die Feststellungen „Die macht das so wie ich" und „Der kennt das auch!" verbinden. Das Erleben, dass man sich an ähnliche Dinge erinnert, ähnliche Dinge erlebt hat, einem dasselbe wichtig ist, führt dazu, dass sich die Senioren als Gemeinschaft erleben und ein Gefühl von Zugehörigkeit entwickeln.

Tipp 19: Lassen Sie die Senioren untereinander in Wettstreit treten.

Wettstreit, so paradox sich das auch anhören mag, fördert die Beziehung zueinander. Ich habe mal in einer Betreuungsrunde ein rotes, breites Geschenkband zwischen zwei Stehlampen gespannt. Je vier Senioren saßen sich in 2er-Gruppen, getrennt durch das Band, gegenüber. Mit Kraft schlugen sie sich einen Luftballon zu. Wenn ein Senior nicht schnell genug reagiert hat und der Ballon den Boden berührte, gab es einen Punkt für die andere Gruppe. Alle waren mit Elan bei der Sache und schlugen mit voller Kraft den Ballon auf die gegnerische Seite. Die Sieger grinsten, die Verlierer nahmen es gelassen. Das Zusammengehörigkeitsgefühl der beiden Seniorengruppen wuchs. Einige der Senioren haben auch beim anschließenden Abendbrot noch über die spannenden Momente des Wettstreites gesprochen. Diese Gespräche stärkten zusätzlich das Zusammengehörigkeitsgefühl.

Nicht allein über Gemeinsamkeit wird Zugehörigkeit erlebt. Auch die Abgrenzung von anderen Gruppen fördert das Zugehörigkeitsgefühl. Der Wettstreit unterstützt darüber hinaus das Selbstwertgefühl: Ein gestärktes Selbstwertgefühl wiederum ist eine gute Basis für ein entspanntes Miteinander.

Ich höre Sie gerade ärgerlich ausrufen: „Aber was denn nun – Konsens und Gemeinsamkeit oder Wettstreit?“ Ich lasse Sie da jetzt einfach mal im Regen stehen. Es ist beides – und es kommt auf die Situation an! Sie hängt von den Senioren ab, von Ihnen und davon, wie Sie den Wettstreit an einem bestimmten Tag gestalten. Können Sie in diesem Moment Leichtigkeit und Spaß ausstrahlen? Dann auf in den Wettstreit! Sind Sie aber vielleicht nicht ganz so gut gelaunt, droht das Ganze vielleicht verbissen zu werden – dann heute besser keinen Wettstreit veranstalten!

Auch hier kann das Team helfen. Stecken Sie sich auch im Team das Ziel: Wir unterstützen die Senioren dabei, immer wieder und situativ in Beziehung zueinander zu treten.

Wichtig: Auch das Gestalten eines sozialen Lebens und Miteinanders sollte immer als Angebot begriffen werden. Die Senioren leben häufig schon jahrelang allein. Für sie kann ein intensives Gruppenleben auch anstrengend und fordernd sein.

VERSTEHEN UND ERREICHEN

Frau Schmied wirft mal wieder eine Vase herunter. Das passiert ihr ständig. Schnell können wir zu dem Schluss kommen: „Frau Schmied ist heute wieder völlig verwirrt!" oder „Die macht das extra, die guckt wieder so!" Um solche Fehldeutungen zu vermeiden, können wir versuchen, die Handlungsweisen der Senioren zu verstehen. Oder anders formuliert: Gehen Sie doch mal davon aus, dass hinter jeder zerdepperten Vase ein Sinn steckt. Dass es also für jede Vase, die zu Boden fällt, einen Grund gibt. Auf den Versuch, diesen zu erkennen, kommt es an! Je besser wir ein Verhalten verstehen, desto einfühlsamer können wir damit umgehen. Gleichzeitig erleichtert uns das Verstehen auch, die Senioren mit unserem Handeln zu erreichen. Es gelingt uns, Kontakt zu ihnen herzustellen und eine Beziehung aufzubauen. Um den Senior verstehen zu können, sollten wir immer folgende Aspekte kennen und berücksichtigen:

- *das Krankheitsbild,*
- *die Biografie,*
- *die Gefühle, die der Senior im Moment seines Handelns hat,*
- *die Bedürfnisse, die er im Moment seines Handelns ausdrückt,*
- *den Sinn, den der Senior mit seinem Handeln verbindet,*
- *die aktuelle Situation, in der sich der Senior befindet.*

Lesen Sie die folgenden Fallbeispiele aufmerksam und überlegen Sie dann: Welche Gefühle, welche Bedürfnisse und welcher Sinn könnten mit den Verhaltensweisen der Senioren verbunden sein? Lesen Sie die Kolumne erst nach Ihren eigenen Überlegungen weiter.

Biografie: Das ist ihm vertraut …

Herr Sölter vertritt sich auf dem Flur die Beine. Er ist mit seinem Rollator unterwegs. Frau Werse, seine Tischnachbarin, kommt ihm entgegen. Sie lächelt ihn an und will gerade zu ihm gehen, um ihn zu begrüßen. In diesem Moment laufen zwei Mitarbeiterinnen mit einem quietschenden Wagen an ihm vorbei. Sie sind in gedämpftem Ton in ein Gespräch vertieft. Herr Sölter schaut Frau Werse an und beginnt, zu schreien: „Aaahhh!" Dabei stößt er mit heftigen Bewegungen seinen Rollator in ihre Richtung. Frau Werse bleibt erschrocken stehen. So kennt sie ihn nicht. Laut ruft sie: „Hiiiiiiiilfe!" Mit zornigem Blick geht Herr Sölter noch ein Stück näher auf Frau Werse zu …

Was ist mit Herrn Sölter los? Die genaue Kenntnis der Biografie kann uns dabei helfen, die auf den ersten Blick unverständlichen Verhaltensweisen nachzuvollziehen.

> **Tipp 20:** Beschäftigen Sie sich mit der Biografie der Senioren.

Herr Sölter war früher Bibliothekar. Bibliotheken sind Räume der Stille. Wenn überhaupt, unterhielt man sich im Flüsterton. Herr Sölter hat viel Zeit seines Lebens in dieser ruhigen Atmosphäre verbracht. Dies könnte seine besondere Lärmempfindlichkeit erklären. Hinzu kommt, dass er aufgrund seiner Demenz häufig nicht mehr in der Lage ist, Geräusche richtig einzuordnen. Deshalb geht er fälschlicherweise davon aus, dass Frau

Werse die Geräusche verursacht. Er stellt zwischen den Geräuschen und der Person, die er ansieht, eine direkte Verbindung her.
Herr Sölter möchte gegenüber Frau Werse ausdrücken: „Hören Sie sofort mit dem Lärm und der Unruhe auf! Ich halte das nicht aus, das macht mir Angst. Es soll still sein!“ Frau Werse hingegen, die weder den Lärm verursacht noch den Grund für Herrn Sölters Verhalten versteht, steht ihm erschrocken gegenüber. Die Biografie gibt uns nicht nur eine Antwort auf die Frage: „Warum verhält sich Herr Sölter so?“, sondern beantwortet uns auch: „Wie hat der Senior früher auf Konflikte reagiert?“ und „Wie ist er früher mit Konflikten umgegangen? Wurde er laut? Hat er vielleicht geschlagen, d. h., ist gewalttätiges Handeln für ihn eine normale und angemessene Reaktion?“ Für eine professionelle Konfliktlösung sind diese Antworten wertvoll.

Tipp 21: Tragen Sie mit dem Team zusammen, welche Verhaltensweisen die Senioren in Konfliktsituationen zeigen.

Durch den gemeinsamen Austausch kristallisieren sich bestimmte Verhaltensmuster heraus. Sie können auch die Angehörigen danach fragen, wie Konflikte in der Familie gelöst wurden und wie sie mit Konflikten umgegangen sind. Die Biografie kann uns Wege aufzeigen, wie wir die Senioren erreichen und dabei unterstützen können, sich in und nach einer Konfliktsituation wieder zu entspannen, z. B. durch bestimmte Worte, Gegenstände, Erzählungen, Aktivitäten.

Bedürfnisse: Sie möchte, er braucht …

Herr Pralle und Herr Wild haben das Frühstück beendet und liegen, gemütlich zugedeckt, in den Sesseln am Fenster. Frau Gerstel kommt zum Frühstück. Ihr Blick fällt auf die beiden Herren in den Sesseln. Sie geht auf die Herren zu und ruft: „Ich will auch hier sitzen und eine Decke haben!" Dabei versucht sie, Herrn Wild bestimmt die Decke wegzuziehen. Herr Wild allerdings hält mit zornigem Blick krampfhaft die Decke fest. Nun ziehen beide an der Decke und beschimpfen sich gegenseitig.

Lesen Sie bitte nicht sofort weiter. Überlegen Sie, welche Bedürfnisse Frau Gerstel und Herr Wild haben könnten.

Eine mögliche Antwort: „Ist doch klar, die wollen beide im Sessel sitzen und die Decke haben!" Stimmt natürlich – auf den ersten Blick. Aber schauen wir mal genauer hin. Habe ich ein Bedürfnis, erlebe ich es häufig als „Mir fehlt etwas" oder „Ich möchte etwas ganz dringend haben!". Ich höre Sie wieder rufen: „Na klar, den Sitzplatz und die Decke!" – aber es steckt noch mehr dahinter.

> Tipp 22: Schauen Sie hinter die Kulissen.

Tom Kitwood hat darauf hingewiesen, dass Menschen mit Demenz ein großes Verlangen nach Liebe haben, also nach dem Erleben, vorbehaltlos angenommen und wertgeschätzt zu werden. Dieses Bedürfnis nach Liebe setzt sich, so Kitwood, zusammen aus fünf psychischen Grundbedürfnissen:[2]

[2] Nach: *Kitwood, Tom:* „Demenz. Der person-zentrierte Ansatz im Umgang mit verwirrten Menschen", 7. überarbeitete und ergänzte Auflage, Hofgrefe Verlag: Bern 2016, S. 144-149.

- **Einbeziehung:** Jeder möchte dazugehören, sich als Teil einer Gemeinschaft erleben und geschätzt werden.
- **Trost:** Jeder möchte getröstet werden und Nähe erleben.
- **Identität:** Jeder möchte erfahren, wer er ist, was er kann, und möchte wahrgenommen und wertgeschätzt werden.
- **Beschäftigung:** Jeder möchte eine Aufgabe haben und selbstbestimmt und sinnvoll handeln.
- **Bindung:** Jeder möchte erleben, dass es jemanden gibt, dem er vertrauen kann und der ihm Schutz, Sicherheit, Geborgenheit, Verlässlichkeit und Hoffnung bietet.

Leider können Menschen mit Demenz ihre Bedürfnisse nur eingeschränkt verbal mitteilen. Aber auf der Grundlage der genannten Grundbedürfnisse ist es uns möglich, die konkreten Bedürfnisse in Konfliktsituationen besser zu erkennen.

> **Tipp 23:** Fragen Sie sich, was dem Senior fehlt.

Die Decke?! Der Sitzplatz?! Ja … und was noch? Konkrete Fragen helfen dabei, die Bedürfnislage zu erkennen und auf sie eingehen zu können. Frau Gerstel möchte nicht nur die gleichen Dinge, sondern auch die gleichen Rechte wie Herr Wild: „Ich will auch hier sitzen!“ Außerdem möchte sie wertgeschätzt werden. Sie hat das Bedürfnis, dazuzugehören. Sie möchte Teil der Gruppe sein. Herr Wild hingegen möchte, dass seine Sachen und sein Sitzplatz auch Seins bleiben. Er möchte keinen Verlust erleben. Also doch die Decke und noch so viel mehr! Und über das „Vielmehr“ können wir dann die Senioren erreichen.

Gefühle: Sie fühlt sich so, weil …

Es ist Zeit fürs Abendbrot. Der Speisesaal ist voll: Eine Betreuungsrunde endet gerade und ein Teil der Bewohner sitzt noch im Stuhlkreis zusammen, während zwei Senioren bereits das Essen angereicht bekommen. Frau Möller und Frau Eiseler sitzen ebenfalls schon am Tisch und warten auf das Abendessen. Frau Möller wird zusehends unruhiger. Schließlich wendet sie sich an Frau Eiseler: „Was soll das hier? Ich glaube, die mögen mich nicht!" Die Stimme von Frau Möller wird weinerlich: „Ich hab doch nichts getan!", dabei hält sie Frau Eiseler am Arm fest. Frau Eiseler reagiert empört: „Nun lassen Sie mich doch in Ruhe! Was wollen Sie denn von mir?"

Lesen Sie bitte nicht sofort weiter. Überlegen Sie, welche Gefühle Frau Möller und Frau Eiseler haben könnten.

Die Sache mit den Gefühlen

Im Verlauf der Demenz wird das Erleben in erster Linie von Gefühlen bestimmt. Das Besondere daran ist, dass Menschen mit Demenz ihre Gefühle unverfälscht zeigen und äußern. Einerseits erleichtert uns das, die Gefühle der Senioren zu erkennen. Andererseits wird das Erschließen der Gefühle komplizierter, wenn die gezeigten Gefühle Reaktionen auf die innere Erlebniswelt sind. Hier kann uns dann das Wissen über die Biografie weiterhelfen.
Viele Menschen mit Demenz leben zudem in einer Gefühlslandschaft, die geprägt ist von: Angst, Scham, Frustration, Wut, Ärger, Verzweiflung und Trauer. Dies hängt mit der starken

Verunsicherung aufgrund der erlebten Verluste (Gedächtnisverluste, Kompetenzverluste) und dem immer brüchiger werdenden Selbstwertgefühl zusammen. Es ist wichtig, dass Sie sich das immer wieder in Erinnerung rufen. Denn diese Gefühlslage spielt eine große Rolle bei zahlreichen Konflikten. Aber wie finden wir heraus, was Senioren mit Demenz fühlen?

Die Sache mit der Empathie

Wir sind in der Lage, die Gefühle der anderen nachzuempfinden, mitzuerleben, uns in sie hineinzuversetzen und die Perspektive der anderen einzunehmen. Stellen Sie sich vor, dass Ihre Arbeitskollegin wütend ist, mit Wucht die Tür zuknallt und sich die Fingerspitzen in der Tür einklemmt. Mit schmerzverzerrtem Gesicht steht sie vor Ihnen, schreit „Aua!" und hält sich die Finger. Haben Sie gerade das Gesicht verzogen oder vielleicht Ihre Finger gekrümmt? Ist Ihre Hand vielleicht sogar auf dem Weg zum Mund, um „gepustet" zu werden? Dann verfügen Sie über eine ausgeprägte Empathie. Sie sind in der Lage, sich in andere Menschen hineinzuversetzen. In diesem Fall: „Aua, das tut weh!"

> Tipp 24: Fragen Sie sich, wie Sie sich fühlen würden.

Die Frage nach den eigenen Gefühlen ist ein Türöffner zu der Gefühlswelt anderer.

Tipp 25: Achten Sie auf die Mimik, Gestik, Körperhaltung und Tonlage der Senioren.

Menschen mit Demenz sind authentisch. Sie überlegen nicht, ob sie etwas dürfen oder nicht, sie wägen nicht ab. Sie handeln entsprechend ihrer momentanen Gefühlslage. Diese können Sie anhand von Mimik, Gestik und Körperhaltung erkennen. Und wenn Sie die Ohren spitzen, auch anhand der Tonlage.

Wie fühlen sich Frau Möller und Frau Eiseler?

Frau Möller fühlt sich ausgegrenzt, ungeliebt, unsicher, hilflos, ohnmächtig, abgelehnt und verwirrt. Sie versteht die Situation nicht, würde sie aber gern verstehen. Ihre Erklärung für das verzögerte Abendbrot ist, dass sie kein Essen bekommt, weil sie nicht gemocht und abgelehnt wird. Das Fallbeispiel zeigt, wie komplex die Gefühlslage sein kann. Wir haben dadurch aber auch zahlreiche Möglichkeiten, Frau Möller zu erreichen. Wir können die unterschiedlichen Gefühle ansprechen, indem wir z. B. sagen: „Das ist ungerecht!“, „Alle bekommen etwas, nur man selbst nicht!“, „Gleiches Recht für alle!“, „Da fühlt man sich abgeschoben!“, „Sie möchten wissen, was los ist!“
Frau Eiseler fühlt sich bedrängt, überfordert und ebenfalls ratlos. Sie könnten ihr sagen: „Das wird jetzt aber zu viel!“, „Alle wollen etwas von einem!“, „Sie wollen einfach Ihre Ruhe haben!“

Tipp 26: Setzen Sie sich mit Ihren eigenen Gefühlen auseinander.

Dadurch vermeiden Sie, dass Sie Gefühle, die aus Ihrer Biografie zu erklären sind, auf die Senioren übertragen. Vielleicht hatten Sie eine Cousine, die Sie immer mit weinerlicher Stimme verpetzt hat? Und nun reagieren Sie auf die weinerliche Stimme von Frau Möller wütend und denken: „Die will doch nur Stunk machen!" – und nehmen Frau Möllers Gefühle gar nicht richtig wahr.

Der Sinn: Er handelt so, weil … – sie will erreichen, dass …

Herr Winter sitzt mit einigen Bewohnern zusammen am Abendbrottisch und beobachtet das Treiben im Speisesaal. Die Pflegekräfte gehen umher, verteilen die Medikamente und begleiten die angekommenen Senioren zu ihren Sitzplätzen. Pflegekraft Rosi geht besonders liebevoll mit den Senioren um. Sie lächelt sie häufig an und unterhält sich mit ihnen. Gleichzeitig verteilt eine Praktikantin das Essen. Herr Winter hat noch kein Essen bekommen, die anderen Senioren an seinem Tisch aber schon. Er wird zusehends unruhiger. Dann streckt er die rechte Hand aus und ruft laut: „Hallo? Hallo!", und will damit gar nicht mehr aufhören. Sein Blick fällt auf den Teller seiner Tischnachbarin Frau Mittler. Beherzt greift er zu und nimmt sich „sein" Essen von ihrem Teller herunter. Diese brüllt: „He!", und pikst Herrn Winter die Gabel in seine Hand.

Lesen Sie bitte nicht sofort weiter. Überlegen Sie, welcher Sinn hinter den Verhaltensweisen von Herrn Winter und Frau Mittler steckt?

Ebenso wie herausforderndes Verhalten ist konfliktorientiertes Verhalten oft ein Versuch, sich gegenüber dem anderen Senior oder der Seniorengruppe auszudrücken, verständlich zu machen und zu kommunizieren. Es ist häufig ein Hinweis darauf, dass die Betroffenen, in diesem Fallbeispiel Herr Winter, selbst unter einem Leidensdruck stehen („Ich möchte das, was du hast!", „Ich möchte zu euch gehören!"). Bei Frau Mittlers Verhalten handelt es sich um sogenannte Bewältigungsstrategien, d. h. Versuche, sich vor Angst oder Unsicherheit zu schützen („Ich lass mir doch nicht meine Sachen stehlen!", „Jetzt ist aber Schluss!").

Tipp 27: Fragen Sie sich konkret, welche Ziele die Senioren mit ihrem Verhalten verfolgen.

Welches Problem will Herr Winter bewältigen? Was will Frau Mittler Herrn Winter mitteilen? Lösen Sie die Frage nach dem Sinn in konkrete Einzelfragen auf und versuchen Sie, diese zu beantworten. Erkennen Sie den Sinn hinter dem Verhalten, können Sie den Konflikt leichter lösen.

Welcher Sinn steckt hinter dem Verhalten?

Herr Winter handelt so, weil er von den Pflegekräften wahrgenommen werden möchte. Außerdem möchte er genau das bekommen, was die anderen auch haben: die Medikamente, die Zuwendung und das Essen. Er löst sein Problem, indem er sich das Essen eigenhändig besorgt – von Frau Mittlers Teller. Er ist also eher ein Problemlöser als ein aggressiver Mensch. **Frau Mittler will erreichen, dass** ihr Essen auf ihrem Teller bleibt. Ihr Ziel ist es, dass Herr Winter ihr Essen in Ruhe lässt. Deshalb verteidigt sie ihren Besitz mit der Gabel. Sie teilt ihm auf diese Weise mit: „Hände weg von meinem Essen! Ich lasse mir nicht alles gefallen", und zeigt ihm damit Grenzen auf.

Die Situation: Was ist denn hier eigentlich los?

Herr Petermann kommt in Begleitung eines Altenpflegers zum Frühstück. Im Hintergrund läuft das Radio. Er setzt sich, nimmt das Tafelmesser, das neben seinem Frühstücksteller liegt, und steckt es sich in den Mund. Sofort zieht seine Sitznachbarin Frau Immergrün ihn am Ärmel mit den Worten: „Nehmen Sie das Messer aus dem Mund, das ist gefährlich! Nun machen Sie schon!“ Sie bekommt durch Frau Moser Unterstützung. Diese sitzt Herrn Petermann gegenüber und schnauzt lauthals: „Ja, Messer weg! Das ist doch ungehörig!“ Der Altenpfleger steht währenddessen dicht hinter dem Stuhl von Herrn Petermann. Er unterhält sich mit einer Kollegin. Herr Petermann zieht blitzschnell das Messer aus dem Mund, zeigt damit in Richtung von Frau Moser und brüllt: „Halt's Maul oder ich stech dich ab!“ Frau Moser beginnt, zu weinen.

Lesen Sie bitte nicht sofort weiter. Überlegen Sie, welche Situation genau vorliegt. Nehmen Sie zuerst die Perspektive von Herrn Petermann und dann die Perspektiven der beiden Frauen ein.

Die erste Bewertung könnte so ausfallen: Herr Petermann zeigt eine Fehleinschätzung in Bezug auf den Umgang mit dem Messer. Außerdem leidet er unter dem Symptom „fehlende Affektkontrolle“ – „Tja, das ist die Demenz! Ganz schön gefährlich, dieser Mann!“ Aber wir wollen uns ja nicht mit einem vorschnellen Urteil zufriedengeben. Lassen Sie uns stattdessen versuchen, die Situation in den Blick zu nehmen und Herrn Petermanns Verhalten genau zu verstehen.

> Tipp 28: Nehmen Sie die Perspektive der Kontrahenten ein.

Beantworten Sie sich die Fragen: Was geschieht? Wer macht wann, wo, was? Wer oder was ist noch beteiligt? Durch die detaillierte und präzise Beschreibung der Situation werden die Ursachen und Auslöser des Konflikts deutlich. Zur Veranschaulichung sollten Sie sich die Antworten in Stichworten aufschreiben.
Stellen Sie sich die Fragen bei jedem aufkommenden Konflikt immer wieder aufs Neue, auch wenn Sie das Gefühl haben, dass sich die Situationen wiederholen. Die Mühe lohnt sich – Sie erhalten einen geschärften Blick für die Situation und ein tieferes Verständnis für die Beteiligten.

Was geschieht auf den ersten Blick?

Herr Petermann steckt sich ein Messer in den Mund, eine Seniorin kritisiert ihn, er bedroht sie mit dem Messer. Sie fängt an, zu weinen. So weit so ... nicht gut!

Aber wer macht wann, wo, was?

Herr Petermann steckt sich ein Tafelmesser in den Mund. *Und was ist da noch?* Der Altenpfleger steht dicht hinter dem Stuhl von Herrn Petermann. *Was noch?* Er unterhält sich hinter dem

Rücken von Herrn Petermann mit seiner Kollegin. *Was noch?* Frau Immergrün zieht an Herrn Petermanns Ärmel. *Und weiter?* Sie erteilt Herrn Petermann einen Befehl und kritisiert ihn. *Ja, und was noch?* Frau Moser erteilt ihm ebenfalls einen Befehl und kritisiert ihn. *Ja, und ...?* Sie kritisiert ihn mit schnauzendem Tonfall und lauter Stimme. *Und dann?* Herr Petermann bedroht Frau Moser mit dem Messer. *Und dann?* Frau Moser weint. *Ist Ihnen etwas aufgefallen?* Da stürmt ganz schön viel auf Herrn Petermann ein!

Die Perspektive von Herrn Petermann: Er wird am Ärmel gezogen. Ihm werden Befehle von der Seite und von vorn erteilt. Er wird von mehreren Seiten kritisiert. Und das mit zum Teil lauter Stimme. Eine Person steht dicht hinter ihm. Er hört die Stimmen von zwei Personen, sieht diese aber nicht und kann sie nicht einschätzen. Und nicht zu vergessen: Das Radio läuft. Auch das Radio trägt zu dem Konflikt bei!
Führt man sich die Einflüsse vor Augen, die auf ihn einwirken, entwickelt man ein tiefes Verständnis für seine Reaktion. Eine Handlung, die auf den ersten Blick wie ein aggressiver Angriff wirkt, erweist sich, wenn man genauer hinschaut, als ein (wenn auch ungeeigneter) Versuch der Verteidigung und der Problembewältigung. Herr Petermann will einfach seine Ruhe haben.
Die Perspektive von Frau Immergrün: Sie sieht, dass er ein Messer in den Mund steckt. Sie hält das für gefährlich. Sie will ihn schützen.
Die Perspektive von Frau Moser: Sie sieht einen Verstoß gegen die Tischmanieren. Sie fordert von Herrn Petermann Benehmen. Sie wird von ihm bedroht und weint (aus Angst).

Die Ursache des Konflikts ist die Überforderung von Herrn Petermann und das Erleben von Kritik und Zwang. (Unbekannte) Geräusche, körperliche Nähe (die er spürt, aber nicht richtig einschätzen kann), das Angefasstwerden, das Eingreifen in sein Handeln, verbale Befehle und Kritik von zwei Seiten führen zu dieser Überforderung. **Die Auslöser des Konflikts** sind die Anweisung im Befehlston und die Kritik durch Frau Moser.

Mit der Situation umgehen

Minimieren Sie die Reize, d. h. stellen Sie das Radio aus, bitten Sie den Altenpfleger sein Gespräch mit der Kollegin zu beenden und einige Schritte zurückzutreten. Fragen Sie Herrn Petermann: „Darf ich mich zu Ihnen setzen?" Setzen Sie sich an seine Seite, allerdings nicht zu dicht. Schauen und sprechen Sie Herrn Petermann an: „Hier ist aber viel los! Alle wollen etwas von einem. Das kann einen ganz schön wütend machen!" Wenden Sie sich dann mit den folgenden Worten an die beiden Damen: „Danke, dass Sie sich gekümmert haben. Da macht man sich Sorgen!" Halten Sie die Formulierungen etwas allgemein und unbestimmt. Sie ermöglichen den beiden, sich darin wiederzufinden und sich angesprochen zu fühlen. Lassen Sie sich außerdem von einer Kollegin einen Teller und ein Messer bringen. Sollte Herr Petermann das Messer noch drohend in den Händen halten, erklären Sie ihm: „Jetzt ist es Zeit fürs Frühstück." Schmieren Sie sich entspannt und beiläufig ein halbes Brot. Herr Petermann wird sich an Ihnen ein Beispiel nehmen. Beginnen Sie mit allen Beteiligten ein Gespräch über den Brotaufstrich.

MUSS JEDER STREIT GESCHLICHTET WERDEN?

Auf eine klare Frage eine kurze Antwort: Nein! Nicht jeder Streit muss geschlichtet werden. Jeder hat ein Recht darauf, sich für seine Interessen, Bedürfnisse und Ziele einzusetzen oder diese zu schützen, sich gegenüber anderen zu behaupten, kurzum – jeder hat das Recht, sich zu streiten. Ein Streit ist ein Konflikt in Aktion, ist die Tätigkeit. Streit kann auch etwas Positives bedeuten: Befinden wir uns in einem Konflikt mit jemandem und streiten mit ihm, dann haben wir zu dieser Person einen Kontakt und eine Beziehung. Außerdem gehört sich zu streiten zum Alltag und zur Normalität unseres Lebens. Sich streiten zu können, sollte in Einrichtungen gelebt werden und möglich sein.

Was ist ein Konflikt?

Frau Brauk und Herr Schuster steuern denselben Stuhl am Fenster an, um sich zu setzen. Frau Meise möchte in Ruhe klassische Musik hören, Herr Schneider tönt immer lauter werdend, weil ihm diese Musik nicht gefällt. Frau Schuster schubst die Pflegekraft Frau Köhler, die sich gerade um eine neue Bewohnerin kümmert. Herrn Wild läuft die Nase, Frau Berle findet das ekelhaft und empörend. Sie beginnt, Herrn Wild laut zu beschimpfen und zu beleidigen ...

In all diesen Situationen treffen Menschen aufeinander, deren Interessen, Wertvorstellungen, Bedürfnisse oder Ziele im Widerspruch zueinander stehen. Jeder möchte etwas anderes oder mehrere Senioren möchten dasselbe, von dem es aber nur eines gibt, z. B. den Stuhl am Fenster oder die Zuwendung der Mitarbeiterin. Und schon entsteht ein Konflikt.

Ein Konflikt entsteht auch dann, wenn nur eine Person das Miteinander mit anderen Menschen als emotional belastend oder als für sich nicht akzeptabel erlebt und dementsprechend handelt, wie im Fall von Frau Berle. Unbedeutend für den Konflikt ist, ob die andere Person unbewusst oder mit voller Absicht so handelt. Frau Köhler kümmert sich sicherlich nicht deshalb um die neue Bewohnerin, weil sie Frau Schuster ärgern will. Herrn Wild ist wahrscheinlich gar nicht bewusst, dass seine Nase läuft. Konflikte erzeugen innere Spannungen und Handlungsdruck. Der Senior, der sich in seinen Bedürfnissen, Interessen oder Zielen gestört fühlt, möchte, dass diese Störung beendet wird. Er beginnt einen Streit.

Tipp 29: Achten Sie auf die Besonderheiten des jeweiligen Konfliktes.

Jeder Konflikt hat seine eigene Geschichte, besondere Facetten und Dynamiken bzw. Ursachen und Auslöser. Diese müssen wir erkennen, um angemessen mit dem Konflikt und den Konfliktparteien umgehen zu können.

Tipp 30: Entscheiden Sie sich im Team dafür, bewusst mit Konflikten umzugehen.

Bewusst bedeutet: „Wir haben uns alle Gedanken gemacht und sind in der Lage, eine Entscheidung für oder gegen eine Intervention zu treffen und dies zu begründen."

Plötzlich, aber kurz! – das Gleichgewicht der Kräfte

Herr Liebkast und Herr Baum haben Demenz. Beide sind mobil und wandern. Wenn sie sich begegnen, reagieren sie schnell verärgert und werden laut. Häufig stehen die Herren voreinander und beschimpfen sich gegenseitig mit zornigen und lauten Stimmen als „Blödmann" und „Idiot". Dann gehen Sie aneinander vorbei und der Konflikt ist beendet.

Die beiden Streithähne wollen sich eigentlich nur mitteilen und sagen: „Mensch, mach mal Platz, ich will da vorbei!" Sie äußern sich eben im Rahmen ihrer Möglichkeiten.

> **Tipp 31:** Schätzen Sie das Kräfteverhältnis der Kontrahenten ein.

Wichtig ist, dass das Kräfteverhältnis zwischen den Kontrahenten ausgeglichen ist und die beteiligten Senioren die Möglichkeit haben, den Konflikt zu lösen. Kräfte bzw. Kompetenzen, die eingeschätzt werden sollten, sind: **die Mobilität** (Können die beteiligten Senioren eigenständig auf Distanz gehen? Sind sie in der Lage, sich dem Konflikt zu entziehen, z. B. durch Ausweichen oder Umkehren?) und **die Sprachkompetenz** (Haben beide die Möglichkeit, sich zu äußern, sich gegenseitig die Meinung zu sagen, also sich zu wehren, und handeln sie auch so?). Wenn die Kompetenzen und Kräfte ein ausgeglichenes Verhältnis haben, dann sollte man nicht einschreiten.

> **Tipp 32:** Respektieren Sie das Recht auf den Streit bei einem Gleichgewicht der Kräfte.

Bei gleich starken Konfliktparteien sollte man nicht einschreiten, sondern die Konfliktregulierung den Senioren überlassen, auch wenn es für einen kurzen Moment im Wohnbereich laut wird. Gönnen Sie den Senioren diesen Moment der Eigenregie. Die Kontrahenten erleben sich im Streit als handlungsfähig. Ein Streit trägt so zur Steigerung oder Stärkung des Selbstwertgefühls, des Selbstbewusstseins und des eigenen Identitätserlebens bei.

Die Rolle des Teams und der Dokumentation

Von großer Bedeutung sind auch hier der Erfahrungswert und die Informationsweitergabe innerhalb des Teams. Liegen durch die Dokumentation und den Austausch in den Übergaben Informationen darüber vor, dass die Kontrahenten ihre Konflikte selbstständig lösen können, sollte man beobachten und abwarten, denn ... am nächsten Tag kann alles ganz anders sein: Die beiden Senioren können wieder voreinander stehen. Doch diesmal spürt Herr Baum die momentane innere Not von Herrn Liebkast. Dieser wohnt noch nicht so lang in der Wohngemeinschaft und hat sich noch nicht richtig eingelebt. Herr Baum beginnt, ihn mit weicher, murmelnder Stimme anzusprechen, leicht zu berühren und zu trösten. Der getröstete Herr Liebkast hält konzentriert still, dreht sich erst nach einer geraumen Weile um und beide gehen getrennt weiter.

Ich streite, also bin ich!

Immer wenn Herr Teltes Frau Walde sieht, runzelt er die Stirn und geht schnurstracks auf sie zu. Im Gehen beginnt er dann, lauthals zu schimpfen: „Die sitzt da wieder, tut nichts, ist immer nur faul!“ Frau Walde sitzt im Rollstuhl. Sie reagiert ebenso aufgebracht auf Herrn Teltes. Wenn sie ihn sieht, rollt sie ihm entgegen und schimpft mit lauter Stimme zurück: „Der schon wieder, der soll endlich abhauen. Der gehört hier nicht her!“ Und wenn die beiden voreinanderstehen, geht die Schimpferei erst richtig los ...

Manche Senioren ziehen sich geradezu magisch an, als hätten sie Freude daran, sich zu streiten. Und das ist manchmal auch so, denn im Streit erleben sie sich als aktiv und gleichberechtigt.

> Tipp 33: Bewerten Sie einen Streit als Form der Kommunikation.

Zwei Personen nehmen Kontakt zueinander auf. Sie tauschen sich aus. Sie erfahren Blickkontakt, Aufmerksamkeit und Unterhaltung, wenn auch eine etwas laute. Sie erleben, dass jemand ihnen zuhört, und bekommen jeweils eine Reaktion auf ihr Verhalten.

> Tipp 34: Fragen Sie sich, welche Bedeutung der Streit für die Senioren hat.

Der Streit vermittelt den Senioren: „Ich bin nicht allein, ich stehe mit einer Person in Kontakt bzw. in Beziehung, auch wenn ich diese Person nicht leiden kann." Durch Streit kann distanzierte Nähe hergestellt werden: „Ich kann dich zwar nicht leiden, aber du bist ein Mensch, der mich wahrnimmt. Wenn ich dir die Meinung sage, dann bewirke ich etwas. Ich sehe ja, dass du dich ärgerst." Die Gegenpartei denkt: „Ich bin es der Person wert, dass sie sich mit mir anlegt. Ich bin etwas wert! Endlich habe ich einen Gesprächspartner und wir gehen gleichberechtigt miteinander um." Aus diesem Grund suchen gerade Senioren, die ein starkes Bindungsbedürfnis haben, immer wieder die Nähe zu der Person, die sich mit ihnen streitet. Kann sich dieser Senior aber dem Kontaktbedürfnis nicht entziehen, fühlt er sich schnell bedrängt. Sitzt er darüber hinaus im Rollstuhl, kann das zu Ohnmachtsgefühlen führen, da ihm zu viel Nähe aufgezwungen wird. Er setzt sich zur Wehr und schlägt zu. Aber selbst diese Schläge halten den anderen Senior nicht davon ab, den Konflikt, sprich Kontakt, zu suchen.

> Tipp 35: Behalten Sie Senioren, die eine Streitbeziehung haben, im Blick.

Herrscht ein Gleichgewicht der Kräfte, sind die Senioren in der Lage, den Streit zu regulieren, dann geben Sie dem Streit Raum. Besteht die Gefahr, dass er eskaliert, intervenieren Sie. Suchen Sie zusätzlich nach Möglichkeiten, das Bindungsbedürfnis des Seniors zu befriedigen.

Schau mir in die Augen! – Konflikte im Vorbeigehen

Frau Schneider sitzt im Rollstuhl, ist damit aber sehr mobil. Heute rollt sie wieder rasch über die Flure. Zwei Seniorinnen, Frau Braun und Frau Bieder, kommen ihr entgegen. Sie halten sich an den Händen und genießen ihr Zusammensein. Frau Schneider sucht den Blickkontakt zu ihnen, leider vergebens. Plötzlich verändert sich der Gesichtsausdruck von Frau Schneider. Sie blickt die beiden wütend an und zeigt ihnen ganz deutlich einen Vogel. Dann schüttelt sie ihre Fäuste in Richtung der Frauen und rollt auf sie zu. Mit einem lauten „Brrrrrrr!" fährt Frau Schneider gegen Frau Braun.

Ich will gesehen werden …

Gesehen und wahrgenommen zu werden, ist für Menschen mit Demenz besonders wichtig. Haben sie das Gefühl, für andere Luft zu sein, kann dies schnell zu verbalen und körperlichen Aggressionen führen. Dahinter stecken angstvolle Fragen, wie: „Gibt es mich überhaupt? Habe ich für andere einen Wert? Gibt es jemanden, der mich mag?" Diese Fragen geben sie den anderen Senioren auf ihre Weise weiter: „Bin ich es wert, dass du mich anschaust? Dann schau mich doch an, schau mir in die Augen, schenke mir ein Lächeln!" Bleibt eine Reaktion, wie bei Frau Braun und Frau Bieder, aus, versuchen sie, ihre negative Gefühlslage zu verändern, ganz nach dem Motto: „Wer nicht hören will, muss fühlen. Jetzt wirst du schon merken, dass es mich gibt!"

Tipp 36: Stellen Sie immer mal wieder Kontakt zwischen den Senioren her.

So unterstützen Sie die Entwicklung von Beziehungen zwischen den Senioren: „Frau Braun, schaun Sie mal, da kommt ja Frau Schneider." Die Senioren behalten zwar die Namen nicht, aber ein Gefühl von Vertrautheit und die Erfahrung von Zugewandtheit bleibt. Je häufiger wir den Senioren zeigen, dass wir sie sehen, und ihnen helfen, sich gegenseitig wahrzunehmen, desto entspannter leben sie in den Einrichtungen zusammen.

Ich brauche Platz und Distanz …

Ein ähnliches Problem stellt das Bedürfnis, Raum zu haben, dar.

Tipp 37: Beobachten Sie, ob sich die Senioren beengt oder eingeengt fühlen.

Das Gefühl von „Hier ist es zu eng!" oder „Ich komme hier nicht durch!" führt ebenfalls zu aufgebrachten Reaktionen. Da stoßen sich zwei Senioren aus Versehen an oder kommen sich entgegen und wollen zeitgleich durch eine Tür. Schon wird der andere als Angreifer wahrgenommen und in seine Schranken verwiesen, sprich: Er wird angebrüllt, beschimpft oder geschubst. Auch hier gilt: Häufiger Blickkontakt, ein kurzer Gruß mit Namen und der rasche Blick, ob es irgendwo zu wenig Raum gibt, sind die beste Prävention.

Eingreifen, wenn … ein Ungleichgewicht der Kräfte herrscht

Vor der Zeitungsrunde: Herr Wirt lächelt Frau Lösler freundlich an, als die Mitarbeiterin sie in ihrem Rollstuhl neben ihn schiebt. Er begrüßt sie mit einem „Guten Morgen!". Frau Lösler kann allerdings nicht mehr sprechen. Deshalb runzelt Herr Wirt die Stirn, als Frau Lösler auf seinen Gruß nicht reagiert. Er versucht weiterhin, mit ihr Kontakt aufzunehmen, und schaut sie immer wieder an. Nach einer Weile fragt er mit angespanntem Unterton: „Warum sagen Sie denn nichts? Sie reden wohl auch nicht mit jedem!" Frau Lösler hingegen schaut angestrengt geradeaus. Auch ihr Gesichtsausdruck ist sehr angespannt. Nach wenigen Minuten stößt Herr Wirt Frau Lösler heftig an: „Nun reden Sie schon! Sitzt nur dumm da und glotzt!"

Für Frau Lösler entwickelt sich die Zeitungsrunde zu einer quälenden Situation. Sie versteht Herrn Wirt, möglicherweise nimmt sie auch seine Verunsicherung, die dann in Wut umschlägt, wahr, aber sie kann ihm keine Antwort geben. Diese Form der Kommunikation ist ihr nicht mehr möglich.

> Tipp 38: Reagieren Sie sofort, wenn Senioren nebeneinandersitzen, die ungleiche Einschränkungen haben.

Wird ein Senior heftig angegriffen und kann sich aber aufgrund eingeschränkter Mobilität oder deutlicher Aphasie nicht verteidigen, dann müssen Sie eingreifen. Es ist unsere Aufgabe, die Schwächeren zu schützen. Frau Lösler kann sich nicht eigenständig einer für sie bedrohlichen Situation entziehen und weggehen oder sich aktiv zur Wehr setzen. Eingreifen müssen wir dann auch, um zu verhindern, dass der Konflikt eskaliert und es zu verbalen oder gar körperlichen Übergriffen kommt.

> Tipp 39: Sprechen Sie den Senior, der den Konflikt auslöst, zuerst an.

Oft ist derjenige, der aktiv beginnt, zu streiten, unter Anspannung. Er erlebt eine Situation als Stress oder als Kränkung. Herr Wirt geht davon aus, dass Frau Lösler sprechen kann. Er kann sich ihr Schweigen nicht anders erklären als absichtliche Verweigerung. Eine direkte Ansprache durch Validation, Deuten oder Ablenken entlastet die Situation. Fangen Sie die Anspannung auf und verhindern Sie eine mögliche Eskalation.

> Tipp 40: Schützen und unterstützen Sie diejenigen, die angegriffen werden.

Danach sollten Sie sich der Person zuwenden, die angegriffen wird. Sie soll die Erfahrung machen, dass sie Angriffen nicht schutzlos ausgeliefert ist und dass ihre Not, ihr Unbehagen oder ihre Angst wahrgenommen werden. Setzen Sie sich für einen Moment neben sie, bieten Sie Ihre Hand an. Hier bedarf es nicht unbedingt vieler Worte.

Eingreifen, wenn … ein Konflikt außer Kontrolle gerät

Herr Welter und Herr Rohloff sitzen mit weiteren Bewohnern im Fernsehraum. Plötzlich schreien sie sich an und beschimpfen sich. Frau Schwalb beginnt, auf ihrem Stuhl heftig mit dem Oberkörper zu schaukeln. Frau Nieder schreit: „Aufhören, ihr sollt aufhören!" Mit Panik im Gesicht und einem laut hervorgestoßenen „Ich halt's nicht aus!" stürzt sie aus dem Raum.

In einer Konfliktsituation, in der die Teilnehmer schnell in Wut geraten und ihrer eigenen Wut ausgeliefert sind, ist es wichtig, sofort zu intervenieren. Die Situation eskaliert im anderen Fall und innerhalb weniger Minuten herrscht eine explosive Atmosphäre, die droht, auch weitere Senioren miteinzubeziehen. Entweder ergreifen andere Senioren Partei oder andere Senioren fühlen sich überfordert, bedroht und entwickeln Ängste.

Tipp 41: Achten Sie immer darauf, wer nebeneinandersitzt.

Schauen Sie einfach mit freundlichem Lächeln kurz in die Aufenthaltsräume und fragen Sie: „Geht es Ihnen allen gut?" Allein dieser kurze Blickkontakt mit allgemeiner Ansprache, Ihre Präsenz also, kann präventiv wirken. Gleichzeitig können Sie etwaige Konfliktpotenziale erkennen. In diesem Fallbeispiel saßen Herr Welter und Herr Rohloff einfach zu dicht nebeneinander, sodass sich ihre Ellbogen berührten.

FRÜHE ANZEICHEN

In der Regel versuchen wir, Konflikte zu ignorieren, weil wir hoffen, dass der Kelch an uns vorübergeht, oder weil wir hilflos sind und nicht wissen, wie wir mit dem Konflikt umgehen können. Das Abwarten erweist sich dann als das eigentliche Problem. Je früher eine Intervention erfolgt, umso wirkungsvoller kann der Konflikt beeinflusst werden und umso mehr Handlungsmöglichkeiten stehen uns als Betreuungskraft zur Verfügung. Sich abzeichnende Konflikte können wir so vermeiden oder frühzeitig entschärfen. Das bedeutet allerdings auch, dass wir in der Lage sein müssen, die frühen Anzeichen eines sich anbahnenden Konfliktes zu erkennen.

Einen Blick für die Anfänge entwickeln

Herr Müller geht langsam an einer Tischgruppe vorbei. Dort sitzen drei Damen auf ihren angestammten Plätzen. Ein Stuhl ist noch frei. Auf dem Tisch liegen Kleiderkataloge: Gerade suchen die Seniorinnen die neue Garderobe für den Herbst/Winter aus. Es herrscht eine entspannte und zufriedene Stimmung. Herr Müller sitzt zwar zum Essen normalerweise an einem anderen Platz, aber jetzt in diesem Moment möchte er sich dazusetzen. Ihm gefällt wohl die Atmosphäre. Er nähert sich dem noch freien Stuhl. Die Mienen der Damen verdüstern sich. Die Stirn wird gerunzelt, der Kopf wird weggedreht. Frau Bär rückt ihren Stuhl von dem noch freien Stuhl weg und rollt mit den Augen.

Um früh einzugreifen, bedarf es dreierlei: dem Willen zur Intervention, der Fähigkeit zur Intervention, der Erkenntnis, dass eine Intervention notwendig ist. Viele Konflikte kündigen sich an. Durch genaues Beobachten können wir mögliche Auslöser frühzeitig identifizieren. Gleichzeitig müssen wir natürlich vermeiden, dass die Senioren sich durch unser Beobachten wie Mäuse im Labor fühlen. Beim Beobachten Respekt zeigen und die Würde der Senioren wahren ist das oberste Prinzip.
Sich anbahnende Konflikte lassen sich an den Verhaltensweisen, der Mimik, der Gestik und der Körperhaltung erkennen. Es handelt sich in der Regel um nonverbale Signale, die Anspannung oder auch Angst verdeutlichen: Jemand rückt den Stuhl beiseite, unruhig rutscht ein Senior auf seinem Stuhl hin und her, dem „störenden Senior" werden immer wieder (grimmige) Blicke zugeworfen. Sie sehen: Vieles kann ein Anzeichen dafür sein, dass etwas nicht im Lot ist, und die Anzeichen sind zudem immer sehr individuell. Auch hier hilft wieder das Dreiergespann: Beobachtung (der Situation), Austausch (mit dem Team), (Ihre persönliche) Erfahrung.

Tipp 42: Beobachten Sie, welche Verhaltensweisen die Senioren häufig zeigen, wenn sich ein Konflikt anbahnt.

Zu typischen Verhaltensweisen können gehören: vermehrte Unruhe (wenn z. B. ein bestimmter Senior den Raum betritt), mit den Fingern oder mit Gegenständen auf den Tisch klopfen, Gegenstände fallen lassen oder mit ihnen werfen, mit den

Füßen scharren, sich beschweren, schimpfen, laut tönen, schreien oder schweigen (die Unterhaltung wird eingestellt und es wird nur noch [feindselig] beobachtet).

> Tipp 43: Beobachten Sie, welche Mimik die Senioren häufig zeigen, wenn sich ein Konflikt anbahnt.

Eine typische Mimik kann sein: Augen aufreißen oder zusammenkneifen, Augen rollen, Fixieren des Blickes, die Lippen zusammenpressen, das Gesicht verziehen, Stirnrunzeln.

> Tipp 44: Beobachten Sie, welche Gestik und Körperhaltung die Senioren häufig zeigen, wenn sich ein Konflikt anbahnt.

Hierzu können gehören: jemandem den Rücken zukehren, einen Vogel zeigen, mit dem Finger auf jemanden zeigen, den Zeigefinger heben, die Arme verschränken, die Faust ballen, die Faust schütteln, mit der Hand abwinken, den Kopf schütteln, Versteifung der Körperhaltung.

Die Verhaltensweisen, Mimik, Gestik und Körperhaltung hängen in starkem Maße davon ab, wer als der Stärkere empfunden wird. Wird der Senior, der zu einer Gruppe hinzukommt, als machtvoll wahrgenommen, erfolgt oft ein Rückzug, ein „In-sich-verkriechen". Diejenigen, die sich bedrängt fühlen, sehen häufig aus, als würde ihre Körperhaltung in sich zusammensacken.

Handeln kommt vor Abwarten

Die Betreuungsrunde soll gleich beginnen. Herr Pauls erscheint in der Tür. Herr Pauls ist nicht sehr beliebt, weil er die anderen Bewohner bewertet und verurteilt. Frau Münster verdreht die Augen, Frau Erle flüstert Frau Marl zu: „Nicht der!" Herr Sold, der hin und wieder mit Herrn Pauls streitet, macht Anstalten, aufzustehen, und brüllt: „Was sind das für Leute hier?" Herr Pauls spürt die Ablehnung und beginnt seinerseits, die wartenden Senioren zu beschimpfen: „Faule Bande, nur rumsitzen und tratschen! Sonst könnt ihr nichts!"

Die erste Entscheidung, die Sie und Ihr Team fällen müssen, ist, auch wirklich handeln zu wollen. Nehmen Sie Abschied von der Kultur des Abwartens und des „Laufenlassens". Handeln Sie bei jeder wahrnehmbaren Spannung sofort. Fast 50 % der Konflikte ließen sich vermeiden, wenn wir sofort etwas tun würden. „Ja, was denn nun?", höre ich Sie jetzt murmeln. „In den vorherigen Kolumnen hieß es: ‚Jeder hat ein Recht auf einen Streit' – und jetzt sollen wir sofort einschreiten?"
Die zweite Entscheidung ist demnach, sich bewusst für oder gegen eine Intervention zu entscheiden, also eine begründete Entscheidung zu treffen.

> Tipp 45: Haben Sie keine Angst, in einen beginnenden Konflikt einzugreifen.

Die dritte Entscheidung ist, die Angst vor dem Eingreifen zu überwinden. „Besser jetzt, ehe es zu spät ist", lautet die Devise.

Vieles ist besser als eins

Es ist Abendbrotzeit. An einem Tisch ist die Stimmung angespannt. Herr Müller tritt immer wieder unter die Tischplatte des Esstischs. Plötzlich beugt sich Herr Wind zu Herrn Müller rüber und brüllt: „Du Arschloch! Lass das endlich sein!“ Herr Müller hat, ob mit Absicht oder aus Versehen, Herrn Wind getreten. Herr Müller lässt sich durch die Bemerkung nicht beirren und tritt weiter unter den Tisch. Die Pflegekraft Frau Heim kommt zum Tisch, sieht Herrn Müller an und droht ihm scherzhaft-ernst mit dem Finger: „Lassen Sie das bloß sein!“ Doch Herr Müller schaut sie nur kurz an und tritt weiter. Das Treten wird lauter, die Abstände des Tretens kürzer. Frau Heim setzt sich zu Herrn Müller und spricht mit ihm, bis er ruhiger wird. Aber nach einigen Minuten beginnt er wieder, zu treten. Frau Heim geht mit Herrn Müller zunächst in die Wohnküche und beginnt mit ihm ein Gespräch über seine Frau, die früher eine begnadete Köchin war. Weil Herr Müller sich heute aber nicht auf das Gespräch einlässt, geht sie mit ihm in den Garten. Gemeinsam gehen beide einige Minuten spazieren. Anschließend lässt Frau Heim Herrn Müller selbstständig spazieren.

Lesen Sie bitte noch nicht weiter. Überlegen Sie, mit wie vielen Handlungen Frau Heim Herrn Müller versucht zu erreichen, um den sich entwickelnden Konflikt zu beenden. Und welche Handlungen sind das?

Haben Sie gezählt? Neun(!) Interventionen in der kurzen Zeit, in der sich ein Konflikt anbahnt:

1. **Agieren vor Reagieren:** Sie handelt bereits zu Beginn des Konflikts.
2. **Präsenz:** Sie kommt und stellt sich an den Tisch.
3. **Blickkontakt:** Sie schaut Herrn Müller an, während sie spricht.
4. **Humor:** Sie zeigt ihm den scherzhaft-drohenden Zeigefinger.
5. **Ansprache:** „Lassen Sie das bloß sein!"
6. **Präsenz und Nähe:** Sie setzt sich zu ihm.
7. **Biografiearbeit:** Sie geht mit Herrn Müller in die Wohnküche und versucht, mit ihm ins Gespräch zu kommen.
8. **Spaziergang:** Sie geht mit Herrn Müller in den Garten.
9. **Selbstständigkeit ermöglichen:** Sie lässt Herrn Müller selbstständig im Garten umhergehen.

An dieser Stelle zeigt sich: Frau Heim drückt keinen roten Knopf, vielmehr greift sie mehrmals in eine bunte Knopfsammlung und bietet zahlreiche und verschiedene Knöpfe an.

> **Tipp 46:** Setzen Sie sich als Ziel, den Senior erreichen zu wollen.

Und nicht das Ziel: „Das muss jetzt aufhören!" Konflikthaftes Verhalten ist in der Regel ein Zeichen dafür, dass der Senior sich in seiner Haut nicht wohlfühlt oder ein Ziel hat, dass die Betreuungskraft noch nicht erkannt hat.
In diesem Fallbeispiel kann es die Stille gewesen sein, die Herr Müller nicht ertragen konnte, oder er fühlte sich von Herrn

Wind gestört. Hier zeigt sich wieder, wie wichtig eine genaue Beobachtung und Dokumentation ist. Konnte z. B. bereits festgestellt werden, dass die Männer häufiger in Konflikt geraten?

> Tipp 47: Begreifen Sie Ihr Eingreifen als Angebot.

Wir gehen häufig unbewusst davon aus, dass der Senior sein Verhalten auf der Stelle zu ändern hat. Erfolgt keine Veränderung, erleben wir dies als Scheitern. Begreift man seine Interventionen als Angebot, erlebt man es nicht als Scheitern, wenn eine Reaktion beim Senior ausbleibt, sondern als Kommunikationssignal: Dieses Angebot war anscheinend nicht das angemessene für die Situation. Macht nichts, nächster Versuch!

> Tipp 48: Probieren Sie mehrere, sehr unterschiedliche Interventionen aus.

Auf das Probieren kommt es an! Eine Intervention reicht in der Regel nicht aus. Arbeiten Sie nach dem Prinzip der „Mehrfach-Interventionen“, d. h., gehen Sie immer davon aus, dass Sie mehrere Angebote machen müssen und dass die ausgewählten Methoden sehr unterschiedlich sein sollten, um den Senior in seiner momentanen Stimmung zu erreichen. In diesem Fallbeispiel waren es Gestik, Präsenz, Gespräch, Milieu und Bewegung. Bleiben Sie gelassen und führen Sie Ihre Angebote nicht zu schnell hintereinander aus, sondern lassen Sie dem Senior Zeit, um zu reagieren.

DEMENZIELLE SYMPTOME ALS AUSLÖSER

Konflikte entstehen, weil die subjektiven Welten mehrerer Senioren nicht zusammenpassen. Dies zeigt sich besonders, wenn ein Senior mit und ein Senior ohne Demenz aufeinandertreffen. In der subjektiven Welt des von Demenz betroffenen Seniors geht es darum, durch Verhaltensweisen, wie Unruhe, Lauftendenzen, Aggressivität, Rufen oder Lautieren, zu versuchen, Fähigkeitsverluste zu bewältigen und Fremdheits- und Verlorenheitsgefühle auszudrücken. In der subjektiven Welt der anderen werden gerade diese Ausdrucksformen als fremd und verstörend erlebt, weil sie ihre gewohnte Ordnung auf den Kopf stellen.

Tönen und Lautieren: „Müssen Sie immer so laut sein?"

„Äääähng", faucht Frau Hilde wütend. Sie ahmt das Lautieren von Frau Lüster nach. „Müssen Sie immer so laut sein, geht das nicht leiser?", fällt Frau Stein aggressiv ein. Auch sie ahmt das rhythmische Ächzen von Frau Lüster nach. Nach einigen Minuten ruft Frau Hilde: „Ach, warum spricht die so laut?" Dann in Richtung von Frau Lüster: „Sie sollen still sein, habe ich gesagt!" Auch Frau Stein wendet sich erneut an Frau Lüster mit den Worten: „Halten Sie doch endlich die Klappe! Können Sie nicht mal was anderes machen? Wenn Sie nicht aufhören, dann ...", Frau Stein hebt den Arm und ballt die Faust, „schlag ich ..."

Auf Tönen und Lautieren reagieren Senioren häufig irritiert oder aggressiv, weil sie die Laute nicht verstehen und ihnen die Geräusche schlicht und einfach auf die Nerven gehen.

Tipp 49: Deuten Sie die Verhaltensweisen und geben Sie ihnen einen Sinn.

Sobald wir etwas verstehen, erhöht sich die Bereitschaft, eine Situation auszuhalten, zumindest für einige Zeit. Verstehen kann durch wertschätzende Deutungen erreicht werden, die wir den Senioren anbieten. So könnte man Frau Hilde und Frau Stein mitteilen, dass dies die Art von Frau Lüster ist, zu kommunizieren: „Frau Lüster spricht auf diese Weise", oder je nach Situation: „Ihr gefällt etwas nicht", „Sie ist zufrieden."

Die lautierenden Senioren, in deren Beisein ich den anderen Senioren die Deutung mitteilte, entspannten sich daraufhin, nickten leicht mit dem Kopf und stießen ein angedeutetes „Ja" aus. Von den Senioren, die aggressiv auf diese Verhaltensweise reagierten, erhielt ich die erleichterte Antwort: „Ach, so ist das! Das hätten Sie mir auch gleich sagen können!"

Tipp 50: Entwickeln Sie Formulierungen, um das Lautieren sinngebend zu deuten.

Im Team abgesprochene Formulierungen erleichtern Ihnen das Reagieren. Die Formulierungen vermitteln Ihnen Sicherheit, weil Sie sich in einer angespannten Situation nicht noch etwas überlegen müssen. Erarbeiten Sie im Team gleichzeitig langfristige Unterstützungsmöglichkeiten für die lautierenden Senioren.

Schweigen: „Warum sagen Sie denn nichts?“

Frau Zeppelin sitzt im Rollstuhl. Als Frau Müller neben sie geschoben wird, ruft sie laut: „Ach, die schon wieder, die sagt keinen Ton. Hallo? Wieso sagen Sie denn nichts? Nun sagen Sie doch was!“ Frau Müller antwortet nicht. Mit den Worten „Sie mögen mich wohl nicht? Hab ich Ihnen etwas getan?“, beginnt Frau Zeppelin, an dem Rollstuhl von Frau Müller zu zerren.

Nicht nur Geräusche, sondern auch Schweigen kann zu Konflikten führen. Es löst oft Verunsicherung aus, insbesondere dann, wenn es mit einer eingeschränkten Körpersprache und einer reduzierten Mimik einhergeht. Die Verunsicherung führt oft zu aggressiven Reaktionen. Diese reichen von Beschimpfungen über Drohgebärden bis hin zu bedrängenden Berührungen.

Das Schweigen verstehen wollen

Weil Frau Zeppelin das Schweigen verstehen möchte, sucht sie nach Erklärungen.

> Tipp 51: Hören Sie genau auf die Erklärungen, die die Senioren entwickeln.

Sie bieten Ihnen Orientierung für Ihre Reaktionen.

Frau Zeppelin setzt sich auf unterschiedliche Weise mit dem Schweigen auseinander. Sie spricht das Schweigen beschreibend an („Die sagt keinen Ton."), sie möchte von Frau Müller eine Erklärung („Wieso sagen Sie denn nichts?"), sie versucht das Schweigen zu durchbrechen („Nun sagen Sie doch was!"), sie entwickelt eigene Erklärungen für das Schweigen („Sie mögen mich wohl nicht? Habe ich Ihnen etwas getan?"). Ihr geht es da wie uns: Können wir ein Verhalten verstehen, verunsichert es uns weniger. Bleibt eine Erklärung aus, wird sie gesucht. Dabei beziehen wir das Verhalten der anderen meist auf uns selbst. So nimmt Frau Zeppelin das Schweigen von Frau Müller als bewusste Verweigerung wahr: „Frau Müller spricht absichtlich nicht mit mir, weil sie mich nicht mag. Sie meint, dass ich ihr etwas getan habe."

Das Schweigen bewältigen

Frau Zeppelin – und nicht nur sie – empfindet das Schweigen als irritierend. Sie möchte, dass es ein Ende hat. Weil sie keine Erklärung und keine Reaktion auf ihre Deutungen bekommt, verschärft sich der Ton und es kommt zum Angriff auf den Rollstuhl, der eigentlich aufgrund des Verhaltens von Frau Müller entsteht. Häufig gehen den Angriffen Abwertungen voraus, wie „Sitzt nur dumm da!" oder „Glotzt blöd!". Andere Senioren reagieren noch deutlicher und fordern diejenigen, die schweigen, auf, zu gehen, oder drohen ihnen Schläge an. Es sind Versuche, das Schweigen, das als persönlicher Angriff verstanden wird, und das empfundene Unbehagen zu bewältigen.

Wertschätzende Deutungen

Bieten Sie den Senioren Deutungen für das Schweigen an. Dadurch erhalten sie eine Alternative zum unbehaglichen Schweigen. Vermitteln Sie ihnen, dass Frau Müller anders kommuniziert. Vielleicht kommuniziert sie mit den Augen und Händen oder sie beobachtet lieber, um Neues zu erfahren. Sie können mitteilen: „Frau Müller konzentriert sich auf sich selbst, genießt aber trotzdem das Zusammensein mit Ihnen.“, „Sie schaut lieber zu.“, „Sie hält sich lieber zurück.“

> Tipp 52: Benutzen Sie positive Formulierungen.

Wichtig ist es, Formulierungen zu finden, die sich nicht an Defiziten orientieren, wie: „Frau Müller kann nicht mehr sprechen!“.

Das Unbehagen ansprechen

Sollte die wertschätzende Deutung die durch das Schweigen ausgelöste Irritation nicht mildern, dann können Sie die Irritation ansprechen: „Man fühlt sich unsicher.“, „Sie sind es gewohnt, auf eine Frage eine Antwort zu bekommen.“, „Ohne Antwort weiß man nicht, was los ist.“, „Sie möchten Bescheid wissen.“ Wiederholen Sie danach die wertschätzenden Deutungen nochmal.

Wiederholen: „Das ist ihr wichtig!“

In der Tagespflege: Frau Hille wendet sich an Herrn Wetter und fragt ihn: „Wie spät ist es?“ Einige Minuten später fragt sie: „Wo sind wir hier? Was ist das hier?“ Bereitwillig gibt Herr Wetter ihr Antworten. Als sie ihn nach wenigen Minuten wiederholt fragt, ob sie denn hier richtig sei, klingt seine Antwort schon etwas angespannter. Und als Frau Hille dann auch zum wiederholten Mal nachfragt: „Wie spät ist es? Wo sind wir hier? Was ist das hier?“, schnauzt Herr Wetter los: „Das haben Sie mich doch schon 5-mal gefragt! Sie fragen immer das Gleiche. Können Sie nicht mal still sein? Das ist ja nicht zum Aushalten hier!“

Wiederholungen haben viele Gesichter und viele Gründe. Es kann sich um eine Merkfähigkeitsstörung handeln wie bei Frau Hille, d. h., sie vergisst in dem Moment, in dem sie eine Frage stellt, dass sie diese bereits ausgesprochen hat. Auch die Antwort vergisst sie sofort wieder. Nur das Gefühl der Fremdheit und der Unsicherheit bleibt und treibt sie immer wieder dazu, dieselbe Frage zu wiederholen.
Es kann sich aber auch um das Symptom einer Sprachstörung handeln, d. h., der Senior steckt quasi in einem Wort oder in einer Silbe fest und wiederholt sie aus diesem Grund immer wieder. Oder er wiederholt das, was er von anderen gehört hat.

Bei der Merkfähigkeitsstörung bieten sich für die aufgebrachten Senioren **wertschätzende Deutungen** an, wie:
„Er möchte Gewissheit haben“, „Er möchte Bescheid wissen“, „Er will es genau wissen“, „Er will ganz sicher sein“, „Er braucht Sicherheit“, „Das Thema ist ihm wichtig“, „Das Thema gehört

zu seinem Leben", „Das Wort hat eine besondere Bedeutung für ihn", „Er bringt es auf diese Weise auf den Punkt", „Er teilt uns auf seine Weise mit, dass es ihm zu laut ist".
Zusätzlich können Sie den erbosten Senior in den Mittelpunkt der Deutung stellen: „Er schätzt Ihren Rat", „Ihre Auskunft ist ihm wichtig".

Tipp 53: Lenken Sie die Senioren mithilfe einer neuen Tätigkeit ab.

Bieten Sie den Senioren, die die Fragen wiederholen, z. B. neue Reize, neue Themen oder andere Wörter an. Unterstützen Sie sie, unabhängig davon, um welche Art von Wiederholung es sich handelt, und vermitteln Sie ihnen das Gefühl von Sicherheit und Vertrautheit.

Tipp 54: Sprechen Sie die belastenden Gefühle der Senioren an, die sich gestört fühlen.

Für die anderen Senioren können die immer gleichlautenden Fragen oder Wiederholungen zur Zerreißprobe werden. Signalisieren Sie den Senioren, die sich gestört fühlen, dass Sie ihr Empfinden nachvollziehen und akzeptieren können: „Man möchte einfach, dass es aufhört", „Man fühlt sich angespannt", „Man möchte einfach seine Ruhe haben", „Sie möchten mal etwas anderes hören". Begegnen Sie den Senioren mit Verständnis, wirkt das auf sie entspannend.

Wandern: „Nun bleiben Sie doch mal sitzen!“

Frau Vogel steht in der Betreuungsrunde immer wieder auf. Sie wandert umher, sucht den Kontakt zu anderen Mitarbeitern oder Senioren und kommt wieder zurück in die Runde. Die anderen Teilnehmer reagieren genervt, runzeln die Stirn oder seufzen laut auf. Als Frau Vogel zum dritten Mal aufsteht, schreit Frau Witte sie erbost an: „Bleiben Sie doch mal sitzen! Warum müssen Sie ständig aufstehen? Immer dieses Rumgerenne!“ Frau Most stimmt ihr zu und ruft: „Die soll sich hinsetzen! Sofort!“, und macht Anstalten, aufzustehen und auf Frau Vogel, die mitten in der Betreuungsrunde steht, loszugehen.

Frau Vogel hat einen starken Bewegungsdrang. Das kann mit einem veränderten Hormonspiegel oder mit der psychischen Verunsicherung durch die Demenz zu tun haben. In diesem Fall verringert die Bewegung ihre Anspannung. Gleichzeitig erfährt sie ein Stück Autonomie, weil sie sich eigenständig bewegt. Sie kann sich in der Bewegung als selbstbestimmte Persönlichkeit erleben. Diese Aspekte können Sie in **wertschätzenden Deutungen** aufgreifen, um den anderen Senioren über das Verstehen hinaus auch Akzeptanz und Geduld zu ermöglichen: „Herr XY macht nur eine kurze Stippvisite“, „Frau XY bestimmt gern selbst, wie lange sie bleibt“.
Helfen diese Erklärungen nicht, weisen Sie darauf hin, dass Bewegung für uns alle wichtig ist. Außerdem sind wir schon immer viel und gern gewandert – nicht umsonst gibt es zahlreiche Lieder, die von bewegungsreichen Wandertagen erzählen.

Tipp 55: Sprechen Sie den unruhigen Senior immer wieder mit seinem Namen an.

So unterstützen Sie das Identitätsgefühl, das der Senior durch das Laufen versucht, zu stärken.

Tipp 56: Stellen Sie für die Wanderer einen Stuhl an den Rand der Gruppe bereit.

Auf diese Weise signalisieren Sie dem wandernden Senior, dass er jederzeit willkommen ist. Gleichzeitig machen Sie auch den Teilnehmern der Betreuungsrunde deutlich, dass der Senior Teil der Gruppe ist. Sitzt er am Rand, kann er leichter wieder aufstehen und weitergehen.

Tipp 57: Sorgen Sie in Betreuungsrunden und Sitzkreisen für freie Durchgangsmöglichkeiten.

Dadurch wird die Unterbrechung, die durch den wandernden Senior verursacht wird, nur zu einer kurzen Momentaufnahme. Außerdem bieten Sie dem wandernden Senior Bewegungsraum, Bewegungsfreiheit und das Erleben des Mittendrin-Seins. Andernfalls kann es passieren, dass er sich mit Getöse Zugang zum Sitzkreis verschafft, danach im Sitzkreis feststeckt und eine noch stärkere Unruhe entwickelt.

Verletzung der Privatsphäre: „Das gehört mir!"

1. Frau Reich rollt in das Zimmer ihrer Nachbarin. Nach einigen Minuten fährt sie wieder raus, auf ihrem Schoß liegt ein Pullover. Die Besitzerin des Pullovers reagiert empört und versucht, ihren Pullover an sich zu reißen.
2. Frau Mulde sitzt in einer Betreuungsrunde, in der sich die Teilnehmer über das Thema „Frühling" unterhalten. Während des Gesprächs hat sie einige Bewohnerzimmer im Blick. Plötzlich schreit Frau Mulde: „Der geht schon wieder in mein Zimmer! Der hat da doch gar nichts zu suchen!" Eilig läuft sie in ihr Zimmer und versucht, den Eindringling am Ärmel aus dem Raum zu ziehen. Dieser setzt sich wütend zur Wehr.

Jeder Mensch braucht Räume oder Gegenstände, die ihm gehören. Räume und Gegenstände sind Teil unserer Persönlichkeit und helfen uns dabei, uns abzugrenzen. Im eigenen Raum fühlen wir uns sicher. Wir können dort schalten und walten, wie wir möchten. Alles ist uns vertraut. Die eigenen Räume bergen Schätze und Erinnerungen. Sie sind Teil unserer Identität und geben uns Kraft. Für Menschen mit Demenz spielen persönliche Räume und Gegenstände eine noch sehr viel größere Rolle.
So auch für Frau Singer: Sie wandert den ganzen Tag umher. Immer wieder geht sie in ihr Zimmer und kommt dann mit einer zufriedenen Miene wieder heraus. Frau Singer scheint sagen zu wollen: „Das ist meins, das ist mir vertraut". Sie geht in ihr Zimmer, um Vertrautheit und Kraft zu tanken.

Wir reagieren sensibel, wenn sich jemand an unseren privaten Dingen vergreift oder unbefugt unsere privaten Räume betritt. Aber warum finden Menschen mit Demenz fremde Räume und Besitztümer so reizvoll? Senioren mit Demenz sind auf der Suche nach Sicherheit und Vertrautheit oder nach schönen und bekannten Dingen. Insbesondere kurz nach dem Einzug in eine Einrichtung kann es passieren, dass sich die neuen Bewohner in andere Zimmer verirren, weil sie vertraute Dinge suchen, sich aus Interesse und Neugier umsehen oder weil sie nicht mehr wissen, wo das eigene Zimmer ist. Das unbefugte Betreten und Wegnehmen kann also viele Ursachen haben.

Tipp 58: Achten Sie darauf, was der Senior in den Zimmern der anderen sucht.

Mit welchen Dingen verlassen die Senioren die Zimmer der anderen? Herr Leiste holte sich z. B. immer Zettel, Fotos und Postkarten aus fremden Zimmern. Die Angehörigen brachten ihm daraufhin einen Stapel privater Fotos mit. Die bekam er in die Hand und trug sie dann den ganzen Tag mit sich herum. Er hielt sich an ihnen fest, nahm über sie Kontakt zu anderen Senioren auf. Mithilfe dieser Fotos vergewisserte er sich: „Das bin ich und ich bin nicht allein!" Weil er eigene Fotos hatte, suchte er in fremden Zimmern nicht mehr (so häufig) danach. Geben Sie Senioren mit Demenz bereits auf dem Weg zum Frühstück kleine, persönliche Dinge in die Hand. Neben den Fotos können das z. B. auch ein mit dem eigenen Parfüm besprühtes Taschentuch oder ein kleines Buch sein.

Tipp 59: Achten Sie darauf, was den Senior an den Zimmern der anderen interessiert.

Geht er immer in dasselbe Zimmer und was genau ist ihm dort wichtig? Wenn möglich, schaffen Sie diese Gegenstände auch für das Zimmer des Seniors an.

Tipp 60: Halten Sie alternative Gegenstände bereit, wenn Sie einen Konflikt um das Privateigentum schlichten möchten.

Sie bieten so Ersatz und ersparen dem Senior, der das fremde Eigentum abgeben soll, eine weitere Verlusterfahrung.

Tipp 61: Weisen Sie den „bestohlenen" Senior darauf hin, dass es ein Lob ist, wenn sich ein anderer für seine Sachen interessiert.

Die fortlaufenden, krankheitsbedingten Verlusterfahrungen führen ebenfalls dazu, dass die Senioren auf das, was ihnen gehört, achten. Da kann es schon mal zu Missverständnissen kommen. Z.B., wenn Frau Horn voller Bewunderung eine Puppe berührt, die bei Frau Jansen auf dem Schoß sitzt. Frau Jansen aber geht davon aus, dass Frau Horn die Puppe stehlen möchte. In solchen Situationen sollten Sie reagieren und das Missverständnis aufklären.

Erkunden: „Sie machen das kaputt!" oder „Herr Müller hat Forschergeist!"

Nach der Zeitungsrunde: Die Senioren sitzen am Tisch. Auf dem Tisch steht eine Vase mit Blumen. Herr Balde zieht sie zu sich heran und beginnt, die Blätter von einer gelben Gerbera zu pflücken. Mit gerunzelter Stirn schaut Frau Elster ihm zu. Als die Hälfte der Blütenblätter auf dem Boden liegt, herrscht sie ihn an: „Müssen Sie denn alles kaputt machen?" Mit den Worten „Die Blume war doch so schön", reißt sie ihm die Blumen aus der Hand. Wutentbrannt haut Herr Balde mit der Faust auf den Tisch.

Nesteln oder Dinge in die Hand nehmen und sie untersuchen kann Verschiedenes bedeuten. Es kann ein Versuch sein, die Umwelt wahrzunehmen oder eine fremd gewordene Umwelt über das Begreifen zu verstehen. Es kann aber auch der Versuch sein, über die Berührung eines Gegenstandes in Kontakt zu sich selbst zu kommen (Autostimulation).
Möglicherweise ist es ein Zeichen für Langeweile. Vielleicht fehlt dem Senior eine Beschäftigung. Sein Nesteln oder die Untersuchung von Dingen stellen dann eine Ersatzhandlung dar. Er tut etwas, sei es das Zerpflücken eines Blumengestecks, das Zerreißen von Papier, das Fadenziehen oder Aufribbeln der eigenen Strickjacke. Auf diese Weise erfährt er sich als handlungsfähig. Das stärkt sein Selbstwertgefühl.
Diese möglichen Hintergründe können nun den anderen Senioren in einem ersten Schritt als **wertschätzende Deutung**

angeboten werden, denn auch diese suchen häufig nach einer Erklärung für das Verhalten, das sie als ungehörig oder störend wahrnehmen. So könnte man ihnen sagen: „Herr XY hat Forschergeist! Er geht den Dingen gern auf den Grund!“, „Frau XY kann die Hände nicht einfach in den Schoß legen. Sie muss immer etwas zu tun haben“, „Sie ist auf ihre Weise fleißig“, „Manchmal muss man Dinge einfach anfassen, fühlen und spüren.“

> Tipp 62: Sprechen Sie die Gefühle der Kritiker an und leiten Sie dann zu einem neuen Thema über.

Im zweiten Schritt gehen Sie dann auf die Gefühle der Kritiker ein. Ein möglicher Gesprächseinstieg könnte sein: „Sie haben die Dinge gern schön und heil“, „Es muss alles seine Ordnung haben“, „‚Nichts anfassen!‘ – das haben die Eltern immer gesagt“.
Und dann leiten Sie galant ein neues Thema ein: „Aber wir haben doch früher auch immer Blütenblätter gezupft, um festzustellen, ob uns jemand liebt. Möchten Sie auch mal ein Blütenblatt in die Hand nehmen?“, „Haben Sie früher Blütenblätter gesammelt oder gepresst?“.

> Tipp 63: Bieten Sie den Senioren, die gern fremde Dinge erkunden, bereits im Vorfeld Beschäftigungsalternativen an.

Aus Erfahrung und durch Ihre Beobachtungen wissen Sie, welche Senioren „Forschergeist" besitzen. Bieten Sie diesen immer, wenn es Wartezeiten gibt, Alternativen an. Tauschen Sie sich außerdem im Team über diese Senioren aus und beziehen Sie ihre Biografie mit ein. All das kann helfen, hilfreiche und praktikable Lösungen zu finden.

Angebote für Wartezeiten können z. B. sein: eine Kiste mit Strümpfen zum Sortieren und Aufrollen; eine Kiste mit unterschiedlichen Deckeln, Dosen, Küchenutensilien, Werkzeugen oder Knöpfen, die zugeordnet werden sollen; das Rückenteil eines Pullovers zum Aufribbeln und Aufrollen. Dabei können zwei Senioren ein Team bilden: Einer hält das Rückenteil, der andere ribbelt die Wolle ab und wickelt sie auf.
Achten Sie darauf, dass Sie nur den Senioren kleine Gegenstände, wie z. B. Knöpfe, Schrauben oder Muttern anbieten, die diese noch erkennen können und nicht in den Mund stecken (Verschluckungsgefahr).

EIN KOFFER VOLLER MÖGLICHKEITEN

Ich erlebe immer wieder in Fortbildungen das Erstaunen bei den Teilnehmern, wenn ihnen bewusst wird, wie viele Möglichkeiten sie bereits kennen, um mit einem Konflikt umzugehen. Auf das Erstaunen folgt dann oft die Enttäuschung – hatten sie doch erwartet, wenn schon nicht den roten Knopf, dann doch wenigstens neuartige Interventionen kennenzulernen. In diesem Kapitel möchte ich Ihnen einige bekannte Interventionen ins Gedächtnis rufen. Eine Überraschung habe ich aber vielleicht doch für Sie: Sie selbst! Ist Ihnen bewusst, in welch hohem Maß Sie selbst eine Intervention sein können? Nach diesem Hinweis prasselt jetzt ein wahrer „Tipp-Regen" auf Sie nieder.

Und noch einmal ich: Der Mitarbeiter als Intervention

Frau Dorf ist in ihrem Zimmer. Zufrieden räumt sie ihre Wäsche in den Schrank, als plötzlich die Tür aufgeht. Frau Karl kommt hereinspaziert. Sie ist gerade erst in die Wohngemeinschaft für Menschen mit Demenz eingezogen. Auf der Suche nach Vertrautem geht sie immer wieder in die Zimmer der anderen Bewohner. Frau Dorf hält einen Strickpullover in ihren Händen. Frau Karl sieht den Pullover und versucht, ihn Frau Dorf zu entreißen. Diese hält ihn fest und schreit. Frau Karl schlägt ihr rechts und links ins Gesicht. Durch die Unruhe aufmerksam geworden, kommt die Betreuungskraft Frau Herbst ins Zimmer. Sie bewegt sich sehr langsam, stellt sich vor Frau Karl, schaut ihr in die Augen und spricht sie mit ruhiger Stimme an: „Frau Karl, Sie suchen sicherlich Ihr Zimmer. Kommen

Sie, ich begleite Sie dorthin." Mit einem knappen „Ja" wendet sich Frau Karl Frau Herbst zu und geht mit ihr hinaus.

Frau Herbst hat sowohl durch ihr Auftreten als auch durch ihr Verhalten die Situation beeinflusst und den Konflikt geregelt. **Das Auftreten als Intervention** reicht von der reinen Präsenz („Ich bin hier!") bis hin zu bewusst eingesetzter Mimik, Gestik, Körperhaltung und Stimme. In diesem Fallbeispiel hat das Zusammenspiel aus dem Blickkontakt, der Ansprache, der Stimme und der Art, sich hinzustellen, zur Regelung des Konflikts geführt.

Tipp 64: Finden Sie heraus, welche Mimik, Gestik und Körperhaltung Sie haben, wenn Ihre Stimmung gelassen ist.

Stellen Sie sich vor den Spiegel und beobachten Sie sich, wenn Sie sich ruhig und gelassen fühlen. Wie stehen Sie, wie hört sich Ihre Stimme an, wie ist Ihr Gesichtsausdruck?

Tipp 65: Tragen Sie Strategien zusammen, wie Sie sich selbst beruhigen können.

Nur wenn Sie selbst ruhig sind, können Sie auch andere beruhigen. Eine Methode, um zur Ruhe zu kommen, ist, die eigene Atmung zu kontrollieren: Atmen Sie mehrmals tief durch die Nase in den Bauch ein und durch den Mund wieder aus. Oder versuchen Sie, der eigenen Anspannung durch bewusstes

Anspannen und Loslassen einzelner Körperpartien entgegenzuwirken.

Ihr Verhalten im Konflikt sollte verbindlich und eindeutig sein. Überfordern Sie die Senioren nicht mit zu vielen Worten. Sprechen Sie die Punkte an, die Leidensdruck verursachen. In unserem Fallbeispiel war es die Suche nach dem eigenen Zimmer.

Tipp 66: Vermeiden Sie eine Mimik, Gestik und Körperhaltung, die als Machtdemonstration missverstanden werden könnte.

Bauen Sie sich nicht drohend vor den Senioren auf. Vermeiden Sie es, zu dicht an die Senioren heranzutreten.

Tipp 67: Ergreifen Sie keine Partei.

Vermeiden Sie es, einem von zwei streitenden Senioren Recht zu geben. Unsere Rolle als Mitarbeiter erfordert ein neutrales Verhalten: Wir zeigen allen Senioren, dass wir sie so annehmen, wie sie sind. Unsere Aufgabe besteht darin, Konflikte so gut wie möglich auszugleichen.

Tipp 68: Argumentieren Sie nicht.

In der Regel erreichen Sie die Senioren auf der Inhaltsebene nicht oder tragen zu Kränkungen bei. Verkneifen Sie sich Vorwürfe, wie: „Sie sind ja so aggressiv", oder Ermahnungen, wie: „Regen Sie sich jetzt mal ab!". Verlangen Sie von den Senioren außerdem keine Erklärung für ihr Verhalten: „Warum haben Sie das gemacht?" Diese Frage macht klein und überfordert.

Tipp 69: Lassen Sie sich nicht provozieren.

Ignorieren Sie Beschimpfungen, Abwertungen und sexuelle Anspielungen. Machen Sie sich klar: Setzt der Senior diese Mittel ein, versucht er, eine für ihn unbefriedigende oder belastende Situation zu bewältigen.

(Schutz-)Raum schaffen, Raum geben

Herr Witte und Herr Müller kommen sich in ihren Rollstühlen an der Tür zum Speisesaal in die Quere. Beide wollen gleichzeitig durch die Tür fahren: der eine in den Speisesaal rein, der andere raus. Sie fahren gleichzeitig aufeinander zu, sodass sich die Rollstühle verhaken. Unter Beschimpfungen versuchen sie, sich gegenseitig wegzuschieben.

Wir Menschen benötigen unsere persönliche Sicherheitszone. Wird diese von einem anderen überschritten, geraten wir in Stress. In der Regel versuchen wir dann, die Distanz symbolisch wiederherzustellen, indem wir z. B. im Fahrstuhl den Blickkontakt vermeiden. Ebenso benötigen Menschen mit Demenz das Gefühl, Platz zu haben. Sie haben eine veränderte Tiefenwahrnehmung und nehmen deshalb Entfernungen anders wahr als wir. Auf beengte Bewegungsfreiheit reagieren sie schnell mit Ängsten, Unruhe oder Aggressivität. Steht ihnen jemand im Weg, fühlen sie sich eingeengt. Das Gefühl des Eingeengt-Seins wird als Verlust von Handlungsspielraum und Kontrolle empfunden.

Tipp 70: Geben Sie den Senioren Raum.

Lösen Sie die verhakten Rollstühle von Herrn Witte und Herrn Müller mit den Worten: „Moment, ich schaffe mal Platz!“ Findet eine Begegnung zwischen Tischen und Stühlen statt, bei der zwei Senioren nicht aneinander vorbeikommen, können

Sie auch darauf hinweisen: „Hier ist es wirklich sehr eng. Ich schiebe mal die Tische und Stühle beiseite." Weil das Möbelrücken in der Regel nicht geräuschlos vonstattengeht, sollten Sie den Lärm ankündigen: „Jetzt wird es laut!" Die geschaffene Distanz führt schon zu einer ersten Entlastung der Situation.

Tipp 71: Achten Sie darauf, dass sich die Senioren aus dem Weg gehen können.

Es kommt immer wieder vor, dass Sitzplätze oder Möbel neu arrangiert werden. Achten Sie darauf, dass es Durchgänge gibt. Diese sollten so breit sein, dass die Senioren gut aneinander vorbeigehen können.

Tipp 72: Bieten Sie Schutzraum und trennen Sie die streitenden Senioren.

Sind die Senioren im Rahmen von Konflikten stark aufeinander fixiert, dann trennen Sie sie. Begleiten Sie den Senior, der sich aggressiv verhält, aus dem Raum. Er hat so die Möglichkeit, z. B. bei Musik oder einer gemeinsamen Aktivität, zur Ruhe zu kommen. Ist der Senior für Ihr Handlungsangebot nicht zugänglich, führen Sie den anderen Senior zu seinem Schutz hinaus. Abzuwägen ist hier, ob das Wegbringen als Bestätigung und Rechtfertigung des konfliktorientierten Verhaltens aufgefasst wird. In diesem Fall sollten Sie den Senior im Raum lassen und auf andere Interventionen zurückgreifen.

Aktiv sein

Frau Seiters ist seit einigen Tagen unruhig. Immer wieder springt sie auf und ruft: „Ich muss zur Toilette!“ Die Betreuungskraft Frau Thiele reagiert ungeduldig. Sie weist Frau Seiters darauf hin, dass sie gerade erst auf der Toilette war. Frau Seiters lässt sich nicht beirren. Als sie das vierte Mal „Ich muss zur Toilette!“ ruft, brüllt Frau Müller: „Nun bleiben Sie doch endlich mal sitzen!“ Frau Seiters beginnt, schrill zu schreien.

Tipp 73: Machen Sie mit dem aufgebrachten Senior einen kleinen Spaziergang.

Bewegung entspannt, insbesondere an der frischen Luft. Spaziergänge außerhalb der Einrichtung können Aggression, Unruhe und Lauftendenz verringern. An Regentagen erweist sich das gemeinsame Treppensteigen als ebenso hilfreich.

Tipp 74: Bauen Sie in Zeiten der Anspannung die Bewegungsmöglichkeiten aus.

Bewegung ermöglicht Körperbewusstsein und Identitätserleben. Insbesondere in Zeiten, in denen sich Konflikte zwischen Senioren häufen, sollten Sie bewusst die Bewegungsmöglichkeiten als Einzel- oder Gruppenangebot ausbauen. Hierzu gehören auch körperliche Aktivitäten, z. B. Gartenarbeit oder gemeinsame Putzaktionen.

Validation im Doppelpack

Es ist Kaffeezeit. Jeder Bewohner hat ein Stück Schokoladentorte vor sich stehen. Frau Neuland isst ihr Stück Torte mit den Fingern. Nach einer Weile empfindet sie ihre Finger als klebrig. Kurz entschlossen, tunkt sie die mit Schokoladencreme verschmierten Finger in ihre Kaffeetasse, um sie zu waschen. Am gegenüberstehenden Tisch sitzt Frau Saalfeld. Mit grimmiger Miene beobachtet sie das Treiben von Frau Neuland und ranzt sie an: „Nun lassen Sie doch mal dieses Gematsche!" Frau Neuland beginnt, zu weinen.

Ausgangspunkt der Validation ist die Überzeugung, dass jedes Verhalten von Menschen mit Demenz eine Bedeutung hat. Diese Bedeutung ergibt sich aus ihrer inneren Welt. Im Mittelpunkt der inneren Welt stehen die Gefühle des Seniors. Diese Gefühle akzeptieren wir und erkennen wir als gültig an. Wir müssen also die Gefühle des von Demenz betroffenen Seniors verstehen und im Konfliktfall gleichzeitig allen Beteiligten vermitteln. Das ist nicht immer leicht, denn der Einsatz von Validation kann bei Konflikten zu heiklen Situationen führen. Die Methode muss für alle Beteiligten angemessen sein.

Tipp 75: Beachten Sie die Grenzen der Validation.

Es gibt Personengruppen, bei denen sich die Validation nicht anbietet, wie z. B. bei orientierten Senioren, Senioren im Anfangsstadium Demenz und Senioren mit Depressionen oder

Wahnvorstellungen. Eine weitere Herausforderung ist, dass Sie den sich widersprechenden, subjektiven Welten von mindestens zwei Personen folgen müssen. Bedeutet das Validieren im Normalfall, dass Sie die Gefühle einer Person wahrnehmen und diese im Gespräch deuten, so stellt sich das Validieren im Konfliktfall als ein zweigleisiges Validieren dar. Trotzdem, es lohnt sich: Validation führt oft dazu, dass sich Spannungen lösen.

> Tipp 76: Gehen Sie zweigleisig vor.

Gehen wir vom Fallbeispiel aus: Frau Saalfeld, die den Streit beginnt, ist Ihre direkte Ansprechpartnerin. Frau Neuland, deren Verhalten den Konflikt auslöst, wird indirekt von Ihnen angesprochen, indem Sie ihr Verhalten als akzeptabel deuten. Die folgenden Schritte entwickle ich in Anlehnung an die Integrative Validation nach Nicole Richard[3]:

Schritt 1

Nehmen Sie die Gefühle und Wertvorstellungen der Person wahr, deren Handeln Irritation und Verärgerung auslöst. Anschließend formulieren Sie die Gefühle und Wertvorstellungen als Deutung für die streitende Seniorin Frau Saalfeld. So bestätigen Sie das Verhalten von Frau Neuland als akzeptabel und verleihen ihm einen Sinn: „Sie ist gern selbstständig, deshalb isst sie mit den Fingern“.

---

[3] *Richard, Nicole:* „Wertschätzender Umgang mit demenzerkrankten Menschen, Integrative Validation nach Richard®“, Eigenverlag Carlo Richard: Bollendorf 2014.

Schritt 2

Formulieren Sie die Gefühle und Wertvorstellungen von Frau Saalfeld, die konfliktorientiert reagiert: „Ihnen fällt es schwer, es anzuschauen“, „Ihnen fehlt da die Tischkultur.“

Schritt 3

Versuchen Sie nun, die Akzeptanz gegenüber dem „ungehörigen“ Verhalten zu erhöhen, indem Sie es in unsere allgemeinen Ordnungsvorstellungen einbetten. Dadurch erreichen Sie Autorität und Schutz für die Person, deren Verhalten abgelehnt wurde: „Manchmal isst es sich mit den Fingern einfach leichter“, „Es gibt doch auch Essen, das man nur mit den Fingern essen kann, wie z. B. Pommes, Stielkotelett oder Hähnchenkeulen“, „In vielen Ländern wird ausschließlich mit den Fingern gegessen. Dort gilt es als gutes Benehmen“.

> Tipp 77: Spiegeln Sie Ihr Gegenüber verbal, nonverbal und paraverbal.

Nicht jeder arbeitet gern mit dieser Methode. Kritiker befürchten ein herabwürdigendes „Nachäffen“. Wir spiegeln in der Regel unwillkürlich und signalisieren unserem Gegenüber, dass wir es verstehen. Lassen Sie sich authentisch auf die Mimik, Gestik, Körperhaltung und Stimme ein. Wenn Sie authentisch sind, wird Ihr Verhalten auch nicht als Nachäffen erlebt, sondern als Bemühen, zu kommunizieren. Die Senioren fühlen sich nur dann nicht ernst genommen, wenn Sie nur so tun, als würden Sie etwas verstehen oder machen.

Mit Redewendungen schlichten: „Jedem nach seiner Fasson!"

Es ist Mittagessenszeit. Frau Sommer und Frau Winterfeld sitzen am Tisch nebeneinander. Frau Sommer, eine gepflegte Dame, die sehr stolz auf ihre gehobene Herkunft ist, schreit Frau Winterfeld plötzlich wütend an: „Ääähhh, lassen Sie das sein! Essen mit den Fingern gehört sich nicht!" Frau Winterfeld brüllt sofort zurück: „Immer müssen Sie meckern! Sie meinen wohl, Sie können alles bestimmen. Halten Sie doch endlich mal die Klappe!"

Die Verletzung von Normen und Wertvorstellungen gehört mit zu den häufigsten Auslösern von Konflikten. Abweichende Tischsitten können heftige Aggressionen auslösen. Die einen bohren verträumt in der Nase oder bieten der Nachbarin ihr Gebiss an. Die anderen fordern Benimmregeln ein. Schnell prallen zwei Welten aufeinander, die unvereinbar zu sein scheinen. Frau Winterfeld isst mit den Fingern, weil das für sie bedeutet: „Hurra, ich kann weiterhin selbstständig essen! Ich kann etwas!" Frau Sommer nimmt diese Art, zu essen, als Verstoß gegen Anstand und Sitte wahr. Die Abweichung vom üblichen Benehmen löst bei ihr Irritation, ja, sogar Wut aus. Ihre Ordnung gerät aus den Fugen, deshalb fordert sie diese energisch ein.

Tipp 78: Setzen Sie Redewendungen ein, um Situationen zu entkrampfen.

Sprichwörter und Redewendungen ermöglichen einen Tanz auf dem Vulkan, schließlich müssen Sie es mindestens zwei Seiten recht machen und das ist nicht immer ganz einfach. Aber die Wendungen sind fast allen Beteiligten bekannt, weshalb sie eine gewisse Autorität besitzen. Es muss nicht mehr viel erklärt werden. Die Redewendungen werden zu einer Brücke zwischen zwei Welten: der Welt von Frau Sommer und der Welt von Frau Winterfeld. Gleichzeitig nehmen Sie diejenigen, die im Fokus der Kritik stehen, in unserem Falle Frau Winterfeld, aus der Schusslinie. Die Erfahrung zeigt, dass es möglich ist, auf diese Weise Verunsicherung und Angst auslösende Spannung aus einer Situation herauszunehmen sowie den Senioren Sicherheit und Stabilität zu vermitteln.

Tipp 79: Wählen Sie die Redewendungen so, dass sie zu der Situation passen.

Sie verlieren sonst an Wirksamkeit. Es gibt zahlreiche Redewendungen und Sprichwörter, die unterschiedliche Aspekte bei einem Streit kurz und bündig aufgreifen. So sprechen einige die Aspekte Toleranz und die Normalität von Unterschieden an, andere den Streit direkt, wieder andere haben das Ende eines Streits zum Thema oder die Gruppe und das Gruppenleben.

Tipp 80: Bieten Sie über Redewendungen hinaus eine neue Sichtweise der Situation an.

Durch Sprichwörter und Redewendungen signalisieren Sie den Senioren zum einen, dass Sie die Spannungen wahrnehmen. Gleichzeitig bieten Sie ein verändertes Verstehen der Situation an. In unserem Fallbeispiel bietet sich das Thema „Toleranz“ an: „Jeder soll nach seiner Fasson selig werden“ (Friedrich II.). Ich muss gestehen, ich setze dieses Zitat bzw. diese Wendung am häufigsten ein. Sie ist den meisten Senioren noch gut in Erinnerung und hat bei der Generation durch den Namen Friedrich II. Gewicht. Dadurch signalisieren Sie denjenigen, die beanspruchen, Recht zu haben, Grenzen. Zwar ernte ich hin und wieder für dieses Zitat hochgezogene Augenbrauen oder bissige Kommentare, aber immerhin gelten diese Bemerkungen dann mir und die akute Krisensituation ist gebannt.

> Tipp 81: Suchen Sie Sprichwörter und Redewendungen aus, die zu Ihnen passen, aber auch zur Welt der Senioren gehören.

Es ist wichtig, dass Sie die Redewendungen souverän und sicher einsetzen, als seien sie vollkommen selbstverständlich. Nur dann haben sie auch Gewicht für die Senioren.

Sprichwörter und Redewendungen zum Thema „Streit“

Diese sind insbesondere dann hilfreich, wenn es um gegensätzliche Wertvorstellungen und Interessen geht.

Einen Streit bestätigen

- die Würze des Lebens: „Meinungsverschiedenheiten sind die Würze des Lebens."
- Wenn zwei sich streiten, freut sich der Dritte.
- Gewitter reinigen die Luft.

Toleranz – Unterschiede gehören zum Leben

- jmdn. unter einen Hut bringen: „Wir müssen alle unter einen Hut bringen."
- Man muss den Menschen nehmen, wie er ist.
- Jeder Mensch hat sein Gutes.
- mit Ecken und Kanten: „Jeder hat seine Ecken und Kanten."
- Richtet nicht, auf dass ihr nicht gerichtet werdet. (aus: Matthäus, 7,1, Lutherübersetzung, Textfassung 1912)
- seinen eigenen Weg gehen: „Jeder sollte seinen eigenen Weg gehen können."

Gruppenleben

- im gleichen Boot sitzen: „Wir sitzen alle im gleichen Boot."
- Wo ein Wille ist, ist auch ein Weg.
- Gegensätze ziehen sich an.

Ein Ende des Streits anbieten

- Schwamm drüber!
- dazu gehören immer noch zwei: „Zum Streiten gehören immer noch zwei."
- das Kriegsbeil begraben: „Lassen Sie uns das Kriegsbeil begraben."
- sich die Hand reichen: „Es ist Zeit, sich die Hände zu reichen."

Deeskalation: „Ich hau dir ..." – aggressives Verhalten unter Senioren

Herr Wald sitzt im Rollstuhl, bewegt sich damit aber selbstständig. Er fährt an Frau Helmer vorbei. Diese greift blitzschnell zu und hält den Rollstuhl fest. Herr Wald dreht sich zu ihr um und schlägt mit der rechten Faust auf den Arm von Frau Helmer. In drohendem Ton herrscht er sie an: „Lass sofort den Rollstuhl los, sofort, sag ich!" Dabei schlägt er mit der Faust auf ihre rechte Hand. Frau Helmer schlägt mit einer Hand zurück und hält mit der anderen weiterhin den Rollstuhl fest. Die Stimme von Herr Wald wird lauter: „Loslassen sag ich, sonst fängst du dir noch eine!" Dabei hebt Herr Wald seinen Arm und holt aus.

Eigentlich könnte man sagen, dass der größte Teil dieses Buches von Deeskalation handelt, denn alle Interventionen, die zur Entschärfung eines Konflikts beitragen, zählen zur Deeskalation. Ich möchte an dieser Stelle auf weitere Regeln der Deeskalation hinweisen. Sie sind insbesondere bei tätlichen Auseinandersetzungen zwischen Senioren, wie im Fallbeispiel, von Bedeutung.

Tipp 82: Denken Sie an die eigene Sicherheit.

Überlegen Sie, ob Sie die Situation allein bewältigen können. Im Zweifelsfall holen Sie einen Kollegen zur Unterstützung.

Tipp 83: Tauschen Sie mit einem Kollegen.

Der Wechsel von Personen oder auch der Wechsel des Geschlechts der Personen kann deeskalierend wirken.

Tipp 84: Passen Sie den Blickkontakt dem Kontrahenten an.

Blickkontakt ist wichtig, aber – wie immer im Leben – gibt es auch Ausnahmen. Konsequenter Augenkontakt kann in angespannten Situationen als bedrohlich erlebt werden. Unterbrechen Sie aus diesem Grund den Blickkontakt und schauen Sie immer wieder weg.
Dasselbe gilt für die Annäherung von vorn. Auch hierbei empfiehlt es sich, diese der Situation und den Senioren anzupassen. In aufgeheizten Situationen ist es ratsam, sich dem Hauptkontrahenten nicht frontal, sondern von der Seite zu nähern.

Tipp 85: Setzen Sie Schlüsselwörter aus der Biografie der Senioren ein.

Eine Seniorin, die sehr stolz auf ihre Bildung war, habe ich mit dem Hinweis „Das schickt sich nicht!“ daran hindern können, eine andere Seniorin zu schlagen.

Tipp 86: Zeigen Sie die Stopp-Geste und treten Sie gleichzeitig einen Schritt zurück.

Heben Sie die Handfläche auf Brusthöhe. Zeigen Sie diese Geste den Personen, die sich beruhigen sollen. Auf diese Weise signalisieren Sie, dass das Verhalten der Senioren eine Grenze überschritten hat. Strecken Sie ihnen dabei nicht Ihren Arm entgegen. Treten Sie dabei gleichzeitig einen Schritt zurück, um den Senioren Raum zu geben, sonst könnte diese Geste leicht als Angriff oder Bedrohung wahrgenommen werden. Sie ermöglichen so Abgrenzung.

Tipp 87: Berühren Sie einen oder beide Senioren.

Mit dem Einverständnis der Senioren können Sie ihre Hände berühren oder den Rücken ausstreichen. Diese Gesten können sehr tröstend wirken. Beachten Sie aber, dass nicht jeder Senior Berührungen mag, insbesondere nicht in angespannten Situationen. Es kann passieren, dass diese Gesten dann als eine Überschreitung persönlicher Grenzen wahrgenommen werden.

Tipp 88: Gehen Sie humorvoll mit dem Konflikt und den Konfliktparteien um.

Durch Humor kann das gegenseitige Nicht-Verstehen entschärft und der gegenseitige Kontakt erleichtert werden. Bedenken Sie aber, dass nicht jeder Senior auf Humor positiv reagiert. Einerseits bleibt das Gespür für Humor auch bei Menschen mit einer fortgeschrittenen Demenz lange erhalten. Andererseits gehört Humor nicht bei jedem zu seinem normalen Verhalten dazu. Nutzen Sie in Ihrer Einrichtung vielleicht Clownsnasen? Wenn ja und wenn Sie es mit humorvollen Senioren zu tun haben, setzen Sie doch mal anstelle einer roten Clownsnase eine schwarze auf. Diese zeigt an, dass Sie mit der aktuellen Situation nicht zufrieden sind. Es kommt zur Entspannung und der Grundstein für ein gemeinsames Gespräch ist gelegt.

> Tipp 89: Bringen Sie Unbeteiligte behutsam, aber bestimmt aus dem Raum.

Sie nehmen den Kontrahenten auf diese Weise das Publikum. Ein Publikum könnte die beteiligten Senioren dazu veranlassen, Stärke und Macht zu demonstrieren. Fehlt das Publikum, entfällt auch oft die Demonstration.

Literaturtipps zum Thema:

- *Robin P. Bonifas:*
  „Mobbing und Bullying unter alten Menschen: Was tun, wenn alte Menschen sich drangsalieren, schikanieren und tyrannisieren?",
  Hogrefe Verlag, Bern 2018.
- *Bundesministerium für Gesundheit (Hsg.):*
  „Rahmenempfehlungen zum Umgang mit herausforderndem Verhalten bei Menschen mit Demenz in der stationären Altenhilfe",
  Witten 2006 (Online zu finden auf der Internetseite des Bundesgesundheitsministeriums).
- *Naomi Feil, Vicki de Klerk-Rubin:*
  „Validation. Ein Weg zum Verständnis verwirrter alter Menschen",
  11. Auflage, Ernst Reinhardt Verlag, München 2017.
- *Rolf-Dieter Hirsch:*
  Humor und Heiterkeit in der Betreuung von Menschen mit Demenz. 2007.
- *Sven Lind:*
  „Umgang mit Demenz. Wissenschaftliche Grundlagen und praktische Methoden",
  Stuttgart 2000, S. 10-51 (Online zu finden auf der Internetseite von Werner Schell).

Grenzen setzen?! Ja oder Nein?

Frau Braun sitzt im Rollstuhl. Sie erteilt den anderen Bewohnern gern Anweisungen. Das kann sich bis zu üblen Beschimpfungen steigern. So auch heute. Mit den Worten „Latsch hier nicht so lahmarschig rum!", herrscht Frau Braun Herrn Lange an. Dieser reagiert nicht. Blitzschnell rollt sie zu ihm und schlägt zu. Herr Lange wehrt sich, lauthals schimpfend, mit den Fäusten. Ein Tumult entsteht. Eine Mitarbeiterin eilt herbei und schiebt Frau Braun mit den Worten „Wir hatten abgesprochen, dass Sie auf Ihr Zimmer gehen müssen, wenn Sie andere beleidigen oder angreifen. Jetzt bringe ich Sie dorthin!".

Das Setzen von Grenzen ist in der Fachwelt nicht unumstritten. Die einen plädieren dafür, es zu unterlassen, weil es als Ausgrenzung und Kränkung erlebt werden kann. Die anderen, wie z. B. die Vertreter der erlebensorientierten Altenpflege (Mäeutik), bewerten das wertschätzende Grenzensetzen als Umgang auf Augenhöhe: Konfrontiert man den streitenden Senior mit der Situation, gibt man ihm ein Stück Verantwortung zurück. Ob man Grenzen setzt oder nicht, hängt von der Situation und dem Senior ab. Entscheidend ist, durch welches Handeln es uns gelingt, Kontakt zum Senior aufzubauen. Grenzen setzen ist dann hilfreich, wenn der Senior in seiner Wut gefangen ist und sich dadurch selbst isoliert. Darüber hinaus erweist es sich als geeignete Umgangsform bei Senioren, denen es sehr wichtig ist, die Selbstbestimmtheit zu wahren. Sie befürchten oft, von Mitarbeitern überlistet zu werden. Von diesen Senioren wird das Gegensteuern interessiert und wohlwollend zur Kenntnis genommen. Auf Ihr Signal „Jetzt ist eine Grenze erreicht!", bekommen Sie dann von ihnen die Antwort: „Ja! Ist ja schon gut!"

> **Tipp 90:** Teilen Sie den Senioren mit, wie Sie die Situation erleben und was Sie sich wünschen.

Wichtig ist, den Senioren mitzuteilen, was Sie als Mitarbeiter wahrnehmen, wie es Ihnen dabei geht und was Sie sich wünschen. Sie können z. B. sagen: „Frau Wolf, Sie haben den Arm erhoben. Mir macht das Angst. Nehmen Sie bitte den Arm herunter!" Abhängig von dem Auffassungsvermögen des Seniors können Sie noch hinzufügen: „Ich möchte, dass wir respektvoll miteinander umgehen!"

> **Tipp 91:** Handeln Sie im Vorfeld Konsequenzen mit den Senioren aus.

Kommt es vonseiten eines Seniors immer wieder zu ähnlichen Konfliktsituationen und ist der Senior gleichzeitig noch in der Lage, Konsequenzen zu erfassen, dann handeln Sie mit ihm Konsequenzen aus. Oder legen Sie diese im Team fest. Sie erreichen dadurch eine größere Verbindlichkeit. So wie das in unserem Fallbeispiel geschehen ist. Die Mitarbeiterin hatte mit der Seniorin vereinbart, dass sie in ihr Zimmer gebracht wird, wenn sie die anderen Senioren beschimpft oder angreift.

DER SITZPLATZ – EIN UNENDLICHES THEMA

Der Sitzplatz ist ein besonderes Thema. Es taucht immer wieder im Rahmen von Konflikten auf. Da gibt es den Machtkampf um einen besonderen Platz, die Ausgrenzung von Senioren mithilfe des Sitzplatzes oder die Diskussionen um die Sitzordnung. Bevorzugt man Sitzgruppen oder einen gemeinsamen Tisch? Wer soll zusammensitzen? Und was ist mit Einzeltischen? Fragen über Fragen, die sich immer wieder und immer wieder neu stellen.

Geh'n Sie weg, das ist mein Platz!

Frau Lore steuert eine Sitzgruppe an der Fensterseite an. Sie setzt sich auf einen Stuhl direkt am Fenster. Wenige Minuten später kommt Frau Jäger. Sie baut sich vor Frau Lore auf und herrscht sie an: „Geh'n Sie weg, das ist mein Platz!" Frau Lore schaut starr an Frau Jäger vorbei und rührt sich nicht. Frau Jäger tritt noch einen Schritt näher an Frau Lore heran. Ihre Stimme wird lauter: „Das ist schon immer mein Platz gewesen!" Mit den Worten „Das habe ich Ihnen schon ganz oft gesagt", beginnt Frau Jäger, Frau Lore am Ärmel vom Sitz zu ziehen.

Das Verhalten, das Frau Jäger hier zeigt, nennt man auch Territorialverhalten. Darunter wird das Bestreben verstanden, seinen Lebensraum gegenüber anderen abzugrenzen und zu verteidigen. Das Verhalten wird natürlich nicht nur von Senioren mit Demenz gezeigt, sondern von uns allen. Jeder, der schon mal Sommerurlaub gemacht hat, kennt die Menschen, die bereits in den frühen Morgenstunden ein paar Handtücher auf den Liegestühlen deponieren, um zu demonstrieren: „Besetzt! Das ist mein Platz!" In uns allen steckt also eine Frau Jäger!

Ein Stuhl ist nicht nur ein Stuhl

Für Frau Jäger bedeutet der Stuhl Besitztum. Etwas zu besitzen, vermittelt uns unmittelbare Bedürfnisbefriedigung. Sie kennen das. Denken Sie daran, wie Sie sich nach dem Kauf von Schuhen, Smartphones oder neuer Kleidung fühlen. Sie fühlen sich glücklich und zufrieden und müssen Ihren Neuerwerb immer wieder anschauen oder berühren.

Der Stuhl hat aber noch eine weitere Bedeutung für Frau Jäger: Er stellt das persönliche Territorium dar. Sie erweitert durch den Stuhl ihr Selbst und ihre Autonomie, ganz nach dem Motto: „Hast du was, dann bist du was!" Der Stuhl steht also in enger Beziehung zum Identitätserleben. Und noch etwas! Besitz, in diesem Fall der Stuhl, der in der Nähe des Fensters steht, verleiht der Besitzerin einen speziellen Stellenwert innerhalb der Gruppe, einen Status: „Ach, das ist Frau Jäger, ihr gehört doch der Stuhl am Fenster!" Die Besonderheit des Stuhls überträgt sich auf seine Besitzerin. Gleichzeitig erlebt sich Frau Jäger als machtvoll, wenn es ihr gelingt, ihren (vermeintlichen) Besitz zu verteidigen und eine andere Person vom Stuhl zu jagen. Ihr Selbstbewusstsein und ihr Selbstwertgefühl werden gesteigert. Dies gilt umso mehr, wenn es sich um eine attraktive Sitzgelegenheit handelt. Da stellt sich die Frage: Warum ist der Stuhl für sie so attraktiv?

Tipp 92: Finden Sie heraus, warum der Sitzplatz so begehrt ist.

Für Frau Jäger ist es das Fenster, das den Wert des Sitzplatzes ausmacht. Sie schaut gern in den Garten hinaus. Früher hatte sie selbst einen Garten, den sie hingebungsvoll gepflegt hat. Der Blick aus dem Fenster vermittelt ihr Vertrautheit.

> Tipp 93: Bieten Sie eine Ablenkung an.

Bei Ablenkungen arbeiten wir bewusst mit der Störung des Kurzzeitgedächtnisses. Wir setzen darauf, dass durch neue Reize der Konflikt um den Stuhl vergessen wird und wir so das Ende des Konflikts erreichen. Ablenkungen sind sehr beliebt, weil sie sehr schnell zu bewerkstelligen sind – aber Achtung – oft zu schnell, denn wir sind dann mit unseren Ohren und Gefühlen nicht bei den Senioren, sondern bei unserem geregelten Arbeitstag. Deshalb sollten wir darauf achten, dass Ablenkungen nicht als ein Gefühl von „Ich bin lästig!" oder „Ich werde nicht ernst genommen!" empfunden werden. Lenken Sie die Aufmerksamkeit der Senioren von allem ab, was den Streit fördern könnte, oder machen Sie sie auf andere Themen und Aktivitäten aufmerksam.

> Tipp 94: Bieten Sie einem Senior, dessen Stammplatz besetzt ist, eine andere Sitzgelegenheit an, ehe es zu einem Konflikt kommt.

Und statten Sie diese Sitzgelegenheit dann mit einer besonderen Attraktivität aus, z. B. einem schönen und bequemen Kissen.

Stühlerücken: „Die nicht!"

1. Frau Rosenstrauch ist 97 Jahre alt. Als sie zur Betreuungsrunde kommt, ist ihre Hose nass. Jeder kann das sehen. Sie geht auf den Stuhl neben Frau Glocke zu. Diese schiebt den Stuhl mit einem Ruck zur Seite.
2. Frau Dorn sitzt mit ihrem Mann auf der Terrasse der Wohngemeinschaft. Zwischen ihnen ist ein Stuhl frei. Dieser wird nun von Frau Lürmann freudig angesteuert. Gerade will sie sich setzen, da zieht ihr Frau Dorn den Stuhl einfach unterm Po weg und kippt ihn nach hinten. Frau Lürmann landet auf dem Boden.

Wie sich zeigt, kann man mit Stühlen viel ausdrücken. Ekel und Abneigung oder, wie im zweiten Fall, Eifersucht. Auch hier wird deutlich, wie wichtig es ist, ein Klima der Toleranz zu schaffen. Gleichzeitig ist es hilfreich, sich im Voraus zu überlegen, wie man solche Situationen vermeiden kann.

> Tipp 95: Sorgen Sie dafür, dass Senioren, die unter starker Inkontinenz leiden, vor Gruppensitzungen zur Toilette gehen.

Je konsequenter sich das Team darum bemüht, Senioren das Eingenässt-Sein zu ersparen, desto häufiger lassen sich diese Ausgrenzungserfahrungen vermeiden.

Anders ist es im zweiten Fall. Da müsste eigentlich Herr Lürmann bei seiner Frau für Wertschätzung und ein Gefühl der

Sicherheit sorgen. Aber zum einen ist Herr Lürmann auch an Demenz erkrankt, zum anderen gehört die Paartherapie nicht zu den Aufgaben von Betreuungs- und Pflegekräften. In diesem Fall kümmerten sich die Mitarbeiter intensiv um die gestürzte Seniorin und schenkten ihr die Aufmerksamkeit, die die „Stuhlakteurin" Frau Lürmann eigentlich verhindern wollte. Danach erübrigte sich eine Auseinandersetzung mit „der Täterin", weil diese ihr Handeln längst vergessen hatte. Auf lange Sicht hilft hier nur, darauf zu achten, dass kein Stuhl zwischen Ehemann und Ehefrau freibleibt. Oder die Mitarbeiter nehmen selbst auf dem Stuhl Platz.

Tipp 96: Vermitteln Sie Senioren, die zur Eifersucht neigen, verstärkt ein Gefühl der Sicherheit.

Anlässe zur Eifersucht gibt es nicht nur bei Ehepaaren. Sie treten auch bei Freundschaftsbeziehungen auf. So reagiert z. B. Frau Holz eifersüchtig auf eine Mitarbeiterin, weil sich ihre Freundin und Tischnachbarin Frau Albert mit ihr unterhält. Dabei wollte sich Frau Holz doch gerade selbst ungestört mit Frau Albert unterhalten …

Eifersüchtigen Reaktionen können Sie letztlich nur entgegenwirken, indem Sie sich überlegen, worauf jemand eifersüchtig ist. Welche Gefühle und welche Bedürfnisse stecken dahinter? Können Sie sich diese Fragen beantworten, können Sie der Eifersucht durch verstärktes Vermitteln von Aufmerksamkeit, Wertschätzung und Sicherheit entgegenwirken.

Beziehungen verändern sich

Frau Schmidt und Frau Wolf waren ein Herz und eine Seele. Sie strahlten sich an, wenn sie sich sahen, sie verbrachten gern Zeit miteinander, sie tuschelten und zogen über andere Bewohner her. Kurzum: Sie waren beste Freundinnen. Aber plötzlich ist alles ganz anders. Frau Schmidt tuschelt nicht mehr mit Frau Wolf, sondern über Frau Wolf. Sie rückt den Stuhl weg, wenn Frau Wolf sich neben sie setzt. Diese Freundschaft gehört der Vergangenheit an und niemand weiß warum. Aber allen ist bewusst, dass die beiden Distanz benötigen. Deshalb muss die Sitzordnung nun dringend geändert werden.

Dies ist nur ein Beispiel für Beziehungen zwischen Senioren, die sich im Laufe der Zeit tief greifend verändern können. Manchmal verstehen wir die Hintergründe der Veränderungen nicht, manchmal liegen sie auf der Hand, z. B. wenn die Demenz bei dem einen schneller fortschreitet als bei dem anderen. Auch neu hinzukommende Senioren können bisherige Beziehungen sprengen. Z. B., wenn ein neuer Bewohner einzieht und das Herz einer Bewohnerin erobert. Diese hat nun weniger Zeit für ihre bisherige Freundin, die darauf verletzt reagiert.

Tipp 97: Achten Sie systematisch auf die Sitzordnung.

Klären Sie regelmäßig im Team, ob die Sitzordnung so bleiben kann oder ob sie geändert und den Beziehungen und Bedürfnissen der Senioren angepasst werden muss.

Tipp 98: Bieten Sie einen festen Sitzplatz.

Es ist für einige Senioren sehr wichtig, zu wissen, wo ihr Platz ist. Sind sie z. B. gerade erst in eine Einrichtung gezogen, kann ihnen ein fester Sitzplatz Stabilität und Sicherheit vermitteln. Die Senioren haben so auch die Möglichkeit, Beziehungen zu den Tischnachbarn aufzubauen. Eine stabile Sitzordnung kann in dieser Situation konfliktorientiertes Verhalten vermindern.

Tipp 99: Bleiben Sie flexibel und überlassen Sie den Senioren auch mal die Wahl.

Manchmal ist auch Flexibilität gefragt. Lösen Sie sich hin und wieder von der Vorstellung einer Sitz*ordnung*. Überlassen Sie einzelnen Senioren die Wahl. Die Möglichkeit, die Wahl zu haben, eine eigene Entscheidung treffen zu können, stärkt Identität und Selbstwert.

Tipp 100: Beziehen Sie die betroffenen Senioren in die Entscheidung mit ein.

Gerade wenn Sie die Sitzordnung ändern und ein Senior muss, aus gut gemeinten Gründen, seinen Sitzplatz verlassen, ist es wichtig, ihn in die Entscheidung miteinzubeziehen. Er beginnt sonst, aus einem Gefühl von Unsicherheit und Kränkung heraus mit dem neuen Sitznachbarn zu streiten.

KONFLIKTE IN DER BETREUUNGSRUNDE

Als ich die Teilnehmer einer Fortbildung zu Beginn fragte, wie sie sich denn eine ideale Betreuungsrunde vorstellen, wurden folgende Idealvorstellungen geäußert:

- *Alle Senioren können ihre Wünsche äußern. Die Leitung der Betreuungsrunde kann alle Senioren verstehen und flexibel auf sie reagieren.*
- *Die Senioren haben viel zu erzählen, weil sie neugierig sind oder viel erlebt haben.*
- *Alle gehen tolerant und respektvoll miteinander um und zeigen eine gute Streitkultur.*
- *Zwischen den geistig fitten Senioren und den Senioren mit demenziellen Veränderungen herrscht Harmonie.*
- *Alle haben gute Laune.*

Willkommen im Betreuungsparadies! Wir alle wissen, dass und wie häufig wir aus diesem Paradies vertrieben werden. Es gibt Tage, da stört jeder und alles: Frau Brösig gehen die nicht enden wollenden Redebeiträge von Frau Reisig auf die Nerven und die ständigen Fragen und Wiederholungen von Herrn Mark bringen alle schier an den Rand der Verzweiflung. An solchen Tagen hilft oft nur eines: das gemeinsame Singen. Wenn ... ja, wenn da nur nicht der unterschiedliche Musikgeschmack wäre.

Interessenskonflikte: „Hören Sie auf mit dem Gedudel!"

Zu Beginn der Betreuungsrunde singe ich neben dem Eingangslied, je nach Thema und Stimmung der Teilnehmer, zwei bis drei weitere Lieder. Die Teilnehmer dieser Betreuungsrunde singen ausgesprochen gern. Nur Frau Laue kann das Singen nicht ausstehen. Immer wenn ein Lied angestimmt wird, ahmt sie den Gesang laut nach, beschwert sich mittendrin unüberhörbar über die schlechte Qualität der Sänger oder stöhnt laut auf. Die anderen wehren sich und möchten Frau Laue aus der Gruppe ausschließen. Anstelle eines gemeinsamen Singens entwickelt sich ein gemeinsames Schimpfen, das immer lauter und hitziger wird, bis niemand mehr singt und stattdessen alle schimpfen.

Singen oder nicht singen, klassische Musik oder doch lieber Schlager und Volksmusik? Betreuungsrunden bieten zahlreiche Möglichkeiten, um miteinander in Konflikt zu geraten. Diese beziehen sich nicht nur auf die Musikwahl, sondern auch auf die Auswahl der Themen und Aktivitäten. Die einfachste Lösung: Die Mischung macht's! Bieten Sie in einer Betreuungsrunde mehrere unterschiedliche Methoden an und beziehen Sie die Senioren in die Entscheidung mit ein.

Tipp 101: Beziehen Sie die unterschiedlichen Interessen der Senioren bewusst mit ein.

Sprechen Sie die Interessenunterschiede an und machen Sie so deutlich, dass Sie jeden einzelnen Senior mit seinen besonderen Interessen wahrnehmen. Weisen Sie den Senior, der etwas ablehnt, darauf hin, dass dies gemacht wird, weil es einem anderen Senior Spaß macht oder wichtig ist. Gleichzeitig sollten Sie deutlich machen, dass Sie auch seine Interessen berücksichtigen: „Danach machen wir XY, das gefällt Ihnen doch so gut!"

Tipp 102: Bitten Sie um Unterstützung.

Senioren mit demenziellen Veränderungen haben das Bedürfnis, zu geben. Sie wollen sich wahrnehmen als jemand, der etwas für andere bewirken kann. Bitten Sie den Senior mit Demenz, der etwas ablehnt, um Unterstützung: „Ich würde gern mit Ihnen gemeinsam das Lied XY singen. Ich weiß, Ihnen gefällt das Lied nicht, aber für Frau Balde hat es eine besondere Bedeutung. Ihre Stimme wäre hier eine große Hilfe!" In der Regel erhalten Sie dann die Reaktion: „Aber natürlich!"

Tipp 103: Verhandeln Sie mit den Senioren.

Fragen Sie, wie viele Lieder der Senior, der das Singen ablehnt, denn „aushalten" kann. Machen Sie ihm Vorschläge für die Anzahl der Lieder. Holen Sie das Einverständnis ein: „Wir singen jetzt noch drei Lieder, einverstanden?" Mit diesem Vorgehen lassen sich viele Konflikte bereits im Vorfeld vermeiden.

Kompetenzunterschiede: „Ja, sind Sie denn blöd?“

1. Frau Rand hält das Liederbuch auf dem Kopf. Frau Henschel, die ihr gegenübersitzt, ruft laut in die Runde: „Können Sie nicht lesen? Ja, sind Sie denn blöd? Nun drehen Sie schon Ihr Buch um, Sie halten es verkehrt!“
2. Frau Ritter fragt Herrn Mauer während der Betreuungsrunde: „Was ist denn hier los?“ Herr Mauer antwortet brüllend: „Was ist das denn für eine dämliche Frage?“

Solche Beispiele ließen sich endlos fortsetzen. Senioren, die aufgrund der Demenz Fähigkeiten eingebüßt haben, haben es nicht leicht. Sie ernten hochmütig hochgezogene Augenbrauen, spöttische Kommentare und werden offen angegriffen. Hier gilt die Maxime: Beugen Sie solchen Situationen vor!

Tipp 104: Verwenden Sie einen Methodenmix in den Betreuungsrunden.

Auf diese Weise können Sie Unterforderungen bzw. Überforderungen von Senioren und die daraus resultierende Unzufriedenheit und Verunsicherung vermeiden. Kündigen Sie zu Beginn an, dass für jeden Angebote dabei sind.

Tipp 105: Handeln Sie Gruppenregeln mit den Senioren aus.

Übertragen Sie diese auf ein Flipchart-Papier und fügen Sie Zeichnungen zur Veranschaulichung hinzu. Anschließend hängen Sie es gut sichtbar auf. Viele Senioren sind noch in der Lage, sich auf diese Form der Kommunikation einzulassen. Im DIN-A5-Format können Sie das Papier dann immer dem Senior geben, der gerade eine Regel überschreitet und dadurch einen anderen Senior kränkt. Eine solche Geste ersetzt viele Worte!

„Und was mache ich während der Essenszeiten?", höre ich Sie fragen. Ja, ich gebe zu, die Essenszeiten sind so eine Sache. Hier lassen sich in der Tat ähnliche Reaktionen beobachten. Z. B. vergisst ein Senior beim Gebet das Kreuzzeichen und ein anderer Senior meint empört: „Nur Doofe hier!" Oder einem Senior, dem das Essen angereicht wird, wird vorgehalten: „Das ist doch eine Unverschämtheit, dass so jemand am Tisch sitzt! Der kann ja nicht mal allein essen. So jemand darf doch nicht hier sitzen!" Ein Methodenmix hilft hier nicht, aber …

Tipp 106: Überlegen Sie, welche bereits bekannten Tipps oder Methoden Ihnen weiterhelfen können.

Wenn Sie jetzt, nach einigen Minuten des Nachdenkens, das Buch auf den Kopf drehen, damit Sie die Auflösung lesen können, werden Sie feststellen, dass Sie viele Tipps und Methoden kennen.

Mögliche Lösungen: veränderte Sitzordnung, die Entwicklung eines toleranten Klimas, Redewendungen miteinbeziehen, Grenzen setzen …

Dominante Senioren: Erste Geige oder Herrscherin?

Kurz vor Beginn der Betreuungsrunde: Es sitzen schon fast alle Senioren auf ihren Plätzen, als Frau Nussbaum den Raum betritt. Selbstbewusst steuert sie mit ihrem Rollator den besten Platz an. Die anderen Senioren schütteln den Kopf, lästern und tuscheln, während die Seniorin, die bereits auf dem besten Platz sitzt, kommentarlos einen Stuhl weiter rückt. Die Betreuungskraft hat ein neues Quiz mitgebracht. Mit mürrischer Miene teilt Frau Nussbaum ihr mit, dass das Quizraten langweilig ist, und beginnt, laut zu singen. Alle lassen sie gewähren. Als sie das dritte Lied anstimmen will, fällt ihr Frau Siegbrecht ins Wort und beginnt, zu erzählen. Frau Nussbaum herrscht sie wütend an: „Jetzt halten Sie mal die Klappe, ich bin dran!" Während Frau Siegbrecht erschrocken ihre Erzählung einstellt, beginnen die anderen Senioren, zu murmeln, bis es laut wird.

Senioren mit dominantem Verhalten sind die Ursache zahlreicher Konflikte. Sie spielen gern die erste Geige, d. h., sie beanspruchen die besten Sitzplätze, kritisieren, bewerten, erteilen Befehle und wollen alles und jeden bestimmen. Aber man sollte nicht alle dominanten Senioren über einen Kamm scheren. Das dominante Verhalten hat zwei Ausdrucksformen und bedarf verschiedener Umgangsformen.

Die erste Geige

Hierunter fallen die Senioren, die gern den Ton angeben.

Tipp 107: Holen Sie die Senioren, die gern den Ton angeben, mit ins Boot.

Beziehen Sie sie in Entscheidungen mit ein und geben Sie ihnen Verantwortung. Platzansprüchen können Sie begegnen, indem Sie die Sitzordnung bestimmen.

Die Herrscherin

Bei Senioren, die aggressiv-fordernd auftreten wie Frau Nussbaum, kann ein anderes Verhalten hilfreicher sein. Zeigen Sie Bereitschaft, sich zu streiten. Das ist nicht jedermanns Sache, aber im Umgang mit dominanten Senioren erweist sich konstruktives Konfliktverhalten und die eigene Konfliktfähigkeit als Nonplusultra. Die gute Nachricht ist: Beides kann man lernen.

Tipp 108: Seien Sie bereit für ein Blickgefecht.

Zeigen Sie Haltung und treten Sie bestimmend auf. Wer zu bestimmen hat, wird häufig mit Blicken entschieden. Sprechen Sie mit fester, klarer Stimme und eindeutigen Worten. Geben Sie den Ton an und halten Sie den Unmut anderer aus. Im Umgang mit Dominanzansprüchen bei Senioren müssen Sie bewusst die erste Geige spielen. So dämmen Sie Machtansprüche ein. Denn in Konfliktfällen mit dominanten Senioren müssen Sie oft die anderen Senioren schützen.

Ausgrenzung: „Der soll abhauen!"

Herr Peter nähert sich einer Seniorengruppe, die bereits im Kreis sitzt. Sofort ruft Frau Bauer: „Der soll abhauen!" Sie beugt sich zu ihrer Sitznachbarin herüber und flüstert ihr vertraulich ins Ohr: „Der ist komisch! Ich kann den hier nicht ertragen, der guckt mich immer so streng an. Der meint, er wüsste alles besser." Herr Peter lässt sich nicht abschieben. Mit zornigem Blick marschiert er auf Frau Bauer zu, die es nun mit der Angst zu tun bekommt.

Werden wir zurückgewiesen, schämen wir uns. Scham ist ein unerträgliches Gefühl. Ist das Gefühl einmal da, wären wir es immer gern schnell wieder los. Wenn wir uns schämen, fühlen wir uns schutzlos und entblößt. Da liegt es nah, denjenigen, der uns beschämt, anzugreifen. Denn bekanntermaßen ist Angriff ja die beste Verteidigung. Bevor Frau Bauer sich durch die bohrenden Blicke und Kommentare von Herrn Peter unbehaglich fühlt, grenzt sie ihn lieber aus.

Ausgrenzung kann aber auch damit zusammenhängen, wie stark sich Senioren als Gruppe fühlen. Sitzen z. B. mehrere Senioren immer wieder zusammen und gehören zusätzlich noch zur selben Tischgruppe, dann entwickeln sie schnell ein Wir-Gefühl. Sie werden zu einer Gemeinschaft. Das ist auf der einen Seite gut, denn es gibt ihnen ein Gefühl der Zugehörigkeit, der Sicherheit, der Vertrautheit. Die Gemeinschaft stärkt also ihr Wohlbefinden. Auf der anderen Seite führt dies oft dazu, dass jeder, der nicht zur Gruppe gehört, als Störenfried betrachtet und zum Außenseiter erklärt wird. Die Gruppe signalisiert ihm:

„Du bist hier unerwünscht, hau ab!" Der so ausgegrenzte Senior zieht sich gekränkt zurück oder verteidigt sich. Da kann es auch schon mal laut werden.

> **Tipp 109:** Laden Sie denjenigen, der ausgegrenzt wird, ein, sich neben Sie zu setzen.

Sie signalisieren der ausgrenzenden Gruppe: „Bis hierhin und nicht weiter!". Gleichzeitig bieten Sie dem ausgegrenzten Senior Schutz.

Es kann aber auch vorkommen, dass ein Senior eine zusammensitzende Gruppe von sich aus als „verschworene Gemeinschaft" empfindet und sich abgelehnt fühlt, ohne dass er wirklich abgelehnt wird. Auch diese Situation kann in einem Konflikt enden, wenn der Senior die Gruppe wütend angreift. Weil die Gruppe den Grund seiner Wut natürlich nicht verstehen kann, reagieren die Mitglieder nun ebenfalls sauer und schon geht es richtig los.

> **Tipp 110:** Laden Sie denjenigen, der sich ausgegrenzt fühlt, ein, sich an Ihre Seite zu setzen.

Sie ermöglichen ihm dadurch die Teilnahme an einer Gruppenrunde und wahren gleichzeitig sein Gesicht. Außerdem bieten Sie ihm Sicherheit.

Einnicken: „Dann geh'n Sie doch, wenn es Ihnen hier nicht gefällt!"

Zehn Bewohner sitzen im Wohnzimmer. Sie nehmen an der Zeitungsrunde teil. Die Augen von Herrn Weide werden immer schwerer. Sein Kopf sinkt auf die Brust. Er nickt ein. Frau Ackermann schaut grimmig in seine Richtung: „Nun wachen Sie doch auf, wir sind doch nicht zum Schlafen hier!" Empört dreht sie sich zu ihrer Nachbarin Frau Sandner um: „Der soll doch ins Bett gehen!" Frau Sandner nickt zustimmend. „Aufwachen, das gehört sich doch nicht!", ruft Frau Ackermann und stößt Herrn Weide mit dem Ellbogen an. Der unsanft Geweckte erschreckt sich, ergreift den Arm seiner Nachbarin und schlägt diesen auf die Armlehne.

Das Einnicken wird oft als Respektlosigkeit empfunden. Man schläft zu Hause, aber nicht in der Öffentlichkeit.

Tipp 111: Werten Sie das Einnicken von Senioren als Lob für die Gruppe.

Das Einnicken ist ein Zeichen dafür, dass dem Senior die Stimmen und die Anwesenheit der anderen Senioren guttun. Er fühlt sich in der Gemeinschaft sicher und wohl. Er zeigt so, dass er viel Vertrauen zu der Gruppe hat.
Fragen Sie die anderen Senioren, ob Ihnen Redewendungen oder Sprichwörter mit dem Wort „Schlaf" einfallen, z. B. schlafende Hunde wecken.

Und noch etwas ...

Ich hoffe, Sie konnten auf dieser Reise durch die Konfliktlandschaft Neues, aber auch Vertrautes entdecken.
Ich hoffe auch, Sie haben das Buch nicht voller Verzweiflung in die Ecke gepfeffert, weil es immer diese zwei Seiten gab. Sie wissen doch: Jeder Mensch mit Demenz ist einzigartig und jeder Konflikt auch.
Ich wünsche Ihnen, dass Sie mutig sind und sich offen auf die Kommunikationsangebote der besonderen Art (die Konflikte) einlassen können.
Ich wünsche Ihnen auch, dass Sie nachsichtig mit sich selbst sind. Interventionen können für bestimmte Situationen nicht passen oder abgelehnt werden. Das passiert jedem mal und – Sie sind um eine Erfahrung reicher geworden. Eins kann ich Ihnen aus Erfahrung sagen: Der Umgang mit Konflikten, der macht uns reich an Erfahrung – sehr, sehr reich!

Ganz zum Schluss möchte ich Ihnen in Erinnerung rufen: Es gibt auch das gelungene Miteinander. Da nimmt ein Senior es mit einem Augenzwinkern hin, wenn eine Seniorin ab und zu in sein Zimmer rollt und sich sein Gebäck gut schmecken lässt. Eine Seniorin setzt sich gelassen in ihren Sessel und bewacht – die ganze Nacht – den Schlaf des neuen Bewohners, der sich in ihr Bett verirrt hat. Mit müden Augen ist ihr einziger Kommentar am nächsten Morgen: „Er sah so müde aus und schlief so schön, da konnte ich ihn doch nicht wecken!"
Hier müssen wir nicht ausgleichen, hier können wir uns an dieser augenzwinkernden Gelassenheit ein Beispiel nehmen!